CADERNO DE APRENDIZAGEM

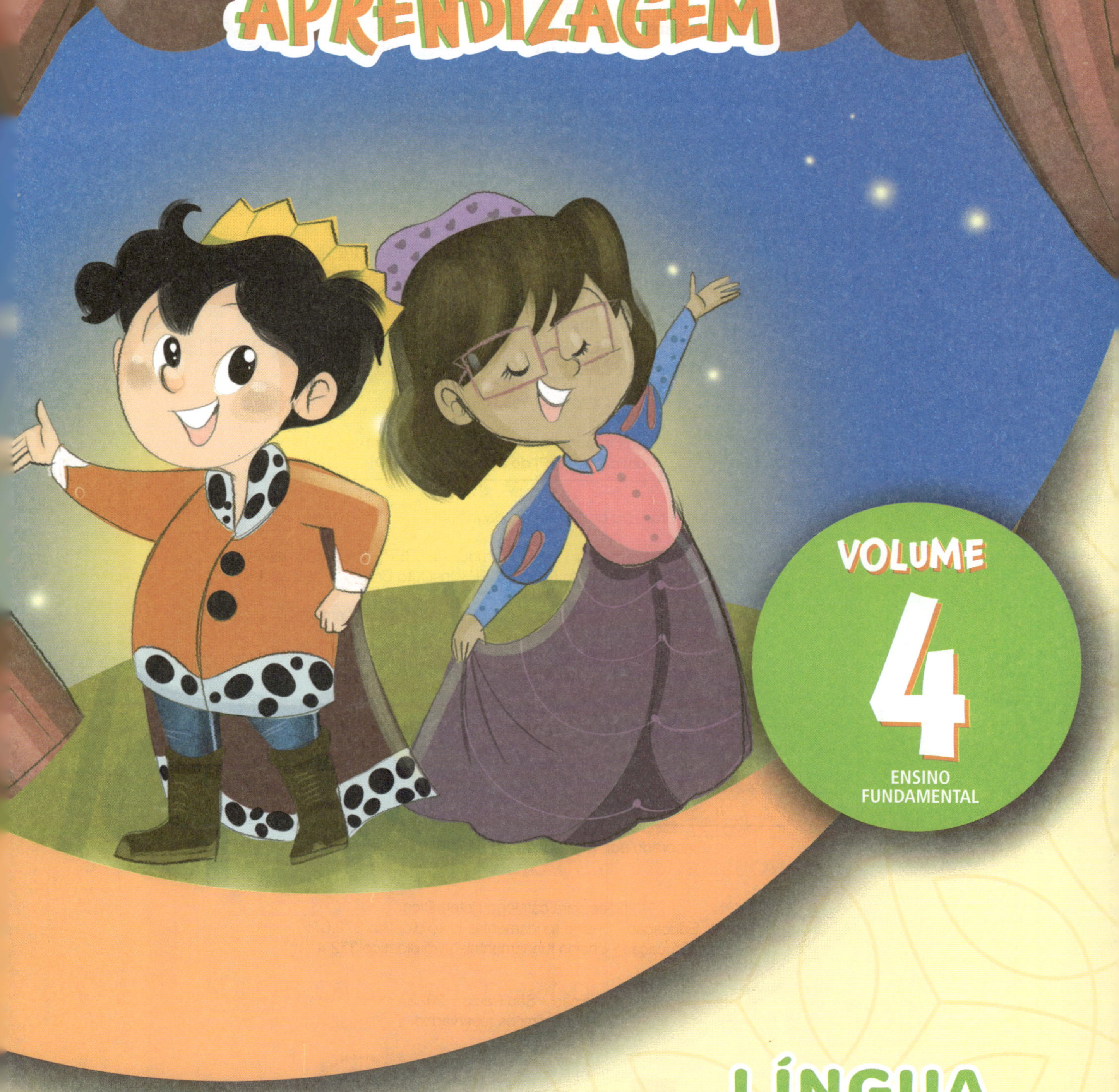

VOLUME 4

ENSINO FUNDAMENTAL

LÍNGUA PORTUGUESA

IBEP

1ª edição
São Paulo – 2022

Caderno de Aprendizagem
4º ano

Presidência	Jorge Yunes
Diretora editorial	Célia Assis
Coordenadora editorial	Viviane Mendes Gonçalves
Editora	Adriane Gozzo
Assistentes editoriais	Daniela Venerando e Patrícia Mochon Ruiz
Revisoras	Denise Santos e Yara Affonso
Coordenação do projeto	Rebeca Helangela Albuquerque Mendes
Supervisão da produção de conteúdo	Sarah Diva Ipiranga
Produção de conteúdo	Jaqueline Bezerra da Silva
Secretaria editorial e processos	Elza Mizue Hata Fujihara
Arte	Aline Benitez
Ilustração	José Luís Juhas | Ilustra Cartoon
Assistente de produção gráfica	Marcelo Ribeiro
Projeto gráfico e capa	Aline Benitez
Ilustração de capa	Vanessa Alexandre
Diagramação	Casa Editorial Maluhy & Co.

Impressão e Acabamento
Oceano Indústria Gráfica e Editora Ltda
Rua Osasco, 644 - Rod. Anhanguera, Km 33
CEP 07753-040 - Cajamar - SP
CNPJ: 67.795.906/0001-10

Dados Internacionais de Catalogação na
Publicação (CIP) de acordo com ISBD

I12c
IBEP - Instituto Brasileiro de Edições Pedagógicas

Caderno de Aprendizagem: Língua Portuguesa / IBEP - Instituto Brasileiro de Edições Pedagógicas. - São Paulo : IBEP - Instituto Brasileiro de Edições Pedagógicas, 2022.
160 p. : il. ; 20,5cm x 27,5cm. – (Caderno de Aprendizagem ; v.4)

ISBN: 978-65-5696-306-8 (aluno)
ISBN: 978-65-5696-307-5 (professor)

1. Ensino Fundamental Anos Iniciais. 2. Livro didático. 3. Língua Portuguesa. 4. Astronomia. 5. Animais. 6. Ciclo de vida. 7. Solo. 8. Som. 9. Luz. I. Título. II. Série.

2022-2781 CDD 372.07
CDU 372.4

Elaborado por Vagner Rodolfo da Silva - CRB-8/9410

Índice para catálogo sistemático:
1. Educação - Ensino fundamental: Livro didático 372.07
2. Educação - Ensino fundamental: Livro didático 372.4

1ª edição – São Paulo – 2022

Rua Gomes de Carvalho, 1306, 12º andar, Vila Olímpia
São Paulo – SP – 04547-005 - Brasil – Tel.: (11) 2799-7799
www.editoraibep.com.br | editoras@ibep-nacional.com.br

APRESENTAÇÃO

Prezado estudante,

Este material foi elaborado para que você possa realizar diversas atividades de Língua Portuguesa para desenvolver mais ainda suas aprendizagens nessa disciplina.

O livro está organizado em sequências. Cada uma delas começa com um texto que pode ser um poema, uma cantiga, uma canção, uma parlenda e até uma imagem. Com base nele, você é estimulado a realizar várias atividades sobre o que entendeu desse texto e de outros aspectos ligados ao ensino de Língua Portuguesa, disciplina tão importante para a sua comunicação com o mundo.

Ao final, nosso Diário de Bordo registra os conhecimentos que foram tratados em cada sequência, permitindo que você os retome caso sinta necessidade.

Temos certeza de que o **Caderno de Aprendizagem** será um grande aliado em seu processo de desenvolvimento escolar.

Bons estudos!

Os editores.

SUMÁRIO

SEQUÊNCIA 1

VAMOS CONVERSAR!

Vamos ler um poema de Pedro Bandeira?

O que é que eu vou ser?

Bete quer ser bailarina
Zé quer ser aviador
Carlos vai plantar batatas
Juca quer ser um ator.

Camila gosta de música
Patrícia quer desenhar
Uma vai pegando o lápis
E a outra põe-se a cantar.

Mas eu não sei se vou ser
Poeta, doutora ou atriz
Hoje eu só sei de uma coisa:
Quero ser muito feliz!

BANDEIRA, Pedro. O que é que eu vou ser? *Por enquanto eu sou pequeno*. São Paulo: Moderna, 2002.

1. Qual é o assunto do poema?

____

____

2. Quais são as profissões apresentadas no poema?

___

3. No poema, o eu poético (ou eu lírico) revela qual profissão deseja seguir? Qual expressão do poema justifica sua resposta?

___

___

4. Qual é o verdadeiro desejo do eu poético do poema?

___

5. Quanto à estrutura do poema lido, responda oralmente:

a) Quantas estrofes tem o poema?

b) Quantos versos tem o poema?

c) O poema tem rimas? Se sim, apresente um exemplo.

6. Leia novamente o poema e observe as profissões citadas. Em seguida, relacione os personagens àquilo que desejam ser.

a) Patrícia
b) Bete
c) Juca
d) Zé
e) Camila
f) Carlos

VAMOS ENTENDER!

1. No 1º verso do poema "O que é que eu vou ser?" aparece a palavra **bailarina**, profissão desejada por Bete. Vamos analisá-la?

a) Quantas letras essa palavra tem? ______ letras.

b) Quantas vogais ela tem? ______ vogais.

c) E quantas consoantes? ______ consoantes.

d) A quantidade de letras da palavra corresponde à mesma quantidade de sons usados para pronunciá-la? Responda oralmente.

As letras e os sons são essenciais para nos comunicarmos. Os sons da fala são chamados de **fonemas**, enquanto as **letras** são as representações desses sons. Observe dois exemplos.

Doutora	7 letras	7 fonemas	3 sílabas
Quer	4 letras	3 fonemas	1 sílaba

2. Preencha o quadro a seguir com a quantidade de letras e fonemas de cada palavra.

Palavra	Letras	Fonemas
plantar	______	______
batatas	______	______
lápis	______	______
desenhar	______	______
hoje	______	______
feliz	______	______

3. Leia as alternativas a seguir e marque **V** para verdadeiro e **F** para falso.

( ) A palavra **amigo** tem 5 letras e 5 fonemas.

( ) A palavra **táxi** tem 4 letras e 5 fonemas.

( ) A palavra **amor** tem 4 letras e 5 fonemas.

( ) A palavra **nhoque** tem 6 letras e 4 fonemas.

( ) A palavra **colher** tem 5 letras e 7 fonemas.

Cada parte da palavra é chamada de **sílaba**. Em relação ao número de sílabas, as palavras são classificadas em:

- **monossílabas**: aquelas que apresentam apenas uma sílaba. Exemplo: cão.
- **dissílabas**: aquelas que apresentam duas sílabas. Exemplo: calo.
- **trissílabas**: aquelas que apresentam três sílabas. Exemplo: gelado.
- **polissílabas**: aquelas que apresentam quatro sílabas ou mais. Exemplo: felicidade.

4. Leia as palavras do quadro atentamente, faça a divisão silábica e classifique-as de acordo com a quantidade de sílabas.

Palavra	Divisão silábica	Classificação
telefone	____________	____________
ator	____________	____________
festa	____________	____________
dentista	____________	____________
céu	____________	____________

5. Escreva três palavras:

a) monossílabas.

____

b) dissílabas.

____

c) trissílabas.

____

d) polissílabas.

____

Veja algumas informações importantes sobre as vogais.

- As vogais são essenciais para a formação de palavras em língua portuguesa. São a base para a formação das sílabas.
- Quando duas ou mais vogais aparecem juntas em uma palavra, temos um **encontro vocálico**. Exemplos: ág**ua**; n**oi**te; d**ia**; Urug**uai**.
- Quando duas vogais aparecem na mesma sílaba de uma palavra, temos um **ditongo**. Exemplos: pa-p**ai**; ca-d**ei**-ra; n**oi**-te.

6. Complete as palavras com os encontros vocálicos do quadro a seguir.

ai	au	ei	õe	oi	ou	ua	ia

a) tes ______ ra

b) s ______ dade

c) b ______ jo

d) bal ______ s

e) n ______ te

f) pap ______

g) q ______ drado

h) companh ______

7. Leia em voz alta as palavras do quadro e circule apenas as que apresentam ditongo.

aviador	Patrícia	batatas	põe	não
vou	poeta	doutora	feliz	outra

8. Releia o poema "O que é que eu vou ser" e retire dele as palavras adequadas a cada grupo a seguir.

a) Ditongo **ai**: ______________________

b) Ditongo **ei**: ______________________

c) Ditongo **oi**: ______________________

9. Leia as palavras a seguir em voz alta. Marque um **X** naquelas em que as vogais do encontro vocálico **não** estão juntas na mesma sílaba.

☐ teatro ☐ ruído ☐ balão

☐ curioso ☐ saudade ☐ beijo

10. Escreva três palavras para cada tipo de ditongo.

a) AI ______________________.

b) EI ______________________.

c) OI ______________________.

11. Complete as frases a seguir com as profissões adequadas e sublinhe os ditongos, quando houver.

a) Quem cuida da saúde dos animais é o ______________.

b) Quem cuida do jardim é o ______________.

c) Quem apaga incêndios é o ____________________.

d) Quem cuida dos nossos dentes é o ____________________.

e) Quem faz pães é o ____________________.

f) Quem cuida da saúde das pessoas é o ____________________.

12. Leia as frases a seguir, circule os encontros vocálicos e reescreva apenas a frase em que aparecem os ditongos **ai**, **ei**, **oi**.

I. A bailarina dançou a noite inteira

II. O professor leu um livro inteiro para as crianças.

III. O desenhista pintou um lindo retrato.

IV. O gari limpou toda a rua.

____

____

Veja, agora, algumas informações importantes sobre as consoantes.

- Em algumas palavras, duas ou mais consoantes podem aparecer juntas. Quando isso acontece, temos um **encontro consonantal**. Exemplos: **br**aço; **fl**or; **gr**ama; **pr**ato. Nos encontros consonantais, o som de cada consoante é pronunciado.
- Os encontros também podem acontecer em sílabas separadas. Exemplos: li**st**a; ri**tm**o; a**dv**ogado; to**rt**a.
- Há casos, ainda, em que duas letras aparecem juntas na mesma palavra, porém representam apenas um som. Exemplos: **ch**ave; ca**rr**o; pá**ss**aro. Nesses casos, temos um **dígrafo**, que pode ser tanto consonantal quanto vocálico, a exemplo da palavra **qu**erido.

13. Observe as palavras do quadro e faça o que se pede.

atleta	assombrado	bilhete	chave
dragão	estudo	folha	
garfo	jardineiro	jarro	nascer
primo	vassoura	vidro	

a) Circule os encontros consonantais.

b) Reescreva as palavras que apresentam dígrafo.

____

c) Qual é a única palavra que apresenta encontro consonantal e dígrafo? Responda oralmente.

14. Escreva três palavras em que apareçam os encontros consonantais em destaque nos quadros.

CR	GR
______	______
______	______
______	______

PR	TR
______	______
______	______
______	______

15. Escreva três palavras em que apareçam os dígrafos em destaque nos quadros.

CH	QU
__________	__________
__________	__________
__________	__________

RR	SS
__________	__________
__________	__________
__________	__________

16. No trecho da página seguinte, faltam algumas palavras. Para completá-lo, primeiro você deve ordenar e juntar as sílabas dos vocábulos a seguir e, depois, encontrar o lugar deles no parágrafo.

a) mi-ca-nhei: ________________

b) xes-pei: ________________

c) guei-pe: ________________

d) o-ri: ________________

e) ca-ria-pes: ________________

f) mais: ________________

g) í-A: ________________

h) brei-lem: ________________

i) ção-ve-ge-ta: ________________

Eu ______________ por um bom tempo. Chegando ao ______________, vi muitos pássaros perto da ______________.
Animado, ______________ minha vara de pescar e pus-me de prontidão para pescar muitos ______________. No entanto, por ______________ que eu esperasse, nada de ______________.
______________, me ______________ de que havia esquecido de colocar a minhoca no anzol!

VAMOS ESCREVER!

1. Você sabe o que quer ser quando crescer? Identificou-se com alguma profissão do poema de Pedro Bandeira? Pense um pouco e escreva um poema sobre a profissão dos seus sonhos. Ele deve ter, no mínimo, duas estrofes de quatro versos. Não precisa rimar, mas, se desejar, as rimas são bem-vindas!

2. No espaço a seguir, faça um desenho bem bonito para ilustrar seu poema.

DIÁRIO DE BORDO

Nestas atividades, você aprendeu:

- o gênero poema e seus recursos discursivos;
- os sons, as letras, as sílabas e a divisão silábica;
- os encontros vocálicos e os ditongos;
- os encontros consonantais e os dígrafos.

SEQUÊNCIA 2

VAMOS CONVERSAR!

Leia o verbete de dicionário a seguir.

feliz

(fe.liz)

a2g.

1. Contente, alegre, satisfeito: *Estão felizes com a vida que levam.*

2. Que tem boa sorte; AFORTUNADO; DITOSO: *feliz no jogo e no amor.*

3. Que teve resultado satisfatório, que foi bem-sucedido (final feliz; ideia feliz).

4. Abençoado, bendito (feliz inspiração!).

5. Em que há felicidade, alegria (olhares/momentos felizes).

AULETE, Caldas. *Aulete Digital*. Disponível em: https://www.aulete.com.br/feliz. Acesso em: 12 jan. 2022.

1. Qual palavra está sendo definida no verbete apresentado?

____

2. Quantas sílabas tem essa palavra? ____________ sílabas.

3. Como estão separados os grupos de significados dessa palavra?

____

4. A qual classe gramatical a palavra **feliz** pertence?

____

5. O que significa **a2g.** no verbete apresentado?

____

VAMOS ENTENDER!

Na língua portuguesa, uma mesma palavra pode ter diferentes significados. A eles, chamamos de **acepções**. Desse modo, o dicionário pode registrar, em um mesmo verbete, várias acepções (significados) para uma mesma palavra, como você pôde observar no verbete **feliz**.

1. Na oração "Minha avó ficou feliz por ter ganhado um celular novo", o termo **feliz** pode ser substituído por qual palavra do verbete apresentado na seção anterior?

____

2. Elabore duas frases para as palavras a seguir.

a) Contente.

____

____

b) Bem-sucedido.

____

____

c) Afortunado.

____

____

3. Leia em voz alta as frases a seguir e marque aquela em que a palavra **feliz** não foi bem empregada.

- [ ] Feliz é aquele que vive perto do mar.
- [ ] Levo uma vida tristonha e feliz.
- [ ] Minha mãe está muito feliz com minhas notas.

4. Leia mais um verbete de dicionário.

Cabeça

substantivo feminino

1. ANAT uma das grandes divisões do corpo humano constituída pelo crânio e pela face e que contém o encéfalo e os órgãos da visão, audição, olfato e paladar.

HOUAISS, Antônio. *Dicionário Houaiss eletrônico da língua* portuguesa. Disponível em: https://houaiss.uol.com.br/corporativo/apps/uol_www/v6-0/html/index.php#1. Acesso em: 12 jan. 2022.

- Consulte um dicionário e registre três diferentes acepções (significados) para a palavra **cabeça**.

5. Agora que você conhece algumas acepções da palavra **cabeça**, escolha um dos significados apresentados na atividade anterior e elabore uma frase com base nele.

____

____

6. Observe as palavras do quadro e faça o que se pede.

felizmente	infelizmente	infeliz	felizardo
felicidade	infelicidade	felicitação	

a) O que essas palavras têm em comum?

____

b) Quais letras se repetem em todas as palavras?

____

c) Qual palavra do quadro é o oposto de **feliz**?

____

Veja algumas informações importantes sobre o processo de formação de palavras.

Derivação é o processo de formação de novas palavras com o acréscimo de afixos (que podem ser **prefixos**, **sufixos** ou **ambos**) a uma palavra primitiva.

Prefixos são os acréscimos no início da palavra.
Exemplo: feliz/**in**feliz.

Sufixos são os acréscimos no fim da palavra.
Exemplo: feliz/feliz**ardo**.

Há casos em que podemos acrescentar um prefixo e um sufixo na mesma palavra. Quando isso acontece, temos uma **derivação parassintética**. Exemplo: feliz/**in**feli**cidade**.

7. Leia as palavras a seguir em voz alta.

chuvoso	talentoso	espaçoso
esperançoso	raivoso	amoroso

a) O que todas as palavras têm em comum?

____

b) As palavras são primitivas ou derivadas?

____

c) Escreva, para cada vocábulo, a palavra que lhe deu origem.

chuvoso ____________ esperançoso ____________

talentoso ____________ raivoso ____________

espaçoso ____________ amoroso ____________

d) As palavras do quadro foram formadas pelo acréscimo de prefixos ou sufixos?

____

8. Marque um **X** na classificação correta das palavras a seguir.

Palavra	Primitiva	Derivada
jardim		
ferro		
folhagem		
viagem		
língua		
friagem		
roupa		
liberdade		

9. Reescreva as palavras primitivas da atividade anterior e indique duas palavras derivadas delas.

___

___

___

___

10. Complete os espaços em branco do quadro.

Palavra primitiva	Palavras derivadas
___	sapateiro, sapataria
flor	___
___	dentista, dentadura
pedra	___
casa	___
___	livraria, livreiro
chuva	___
___	tristonho, tristeza

11. Escreva **P** para as palavras formadas por prefixo e **S** para aquelas formadas por sufixo.

☐ boiadeiro ☐ reinado ☐ desfazer

☐ incerto ☐ peixeiro ☐ realismo

12. Indique qual palavra deu origem às palavras derivadas da atividade anterior.

a) boiadeiro ___

b) reinado ___

c) desfazer ___

d) incerteza ___

e) peixeiro ___

f) realismo ___

13. Escreva duas palavras derivadas dos verbos de ação a seguir.

Verbo	Palavras derivadas
Estudar	____________ ____________
Aprender	____________ ____________
Desistir	____________ ____________
Progredir	____________ ____________
Nascer	____________ ____________
Demolir	____________ ____________

14. Marque um **X** na única palavra formada por prefixo.

- ☐ fruteira
- ☐ imperfeito
- ☐ aviador
- ☐ formigueiro

15. Marque um **X** na única palavra formada por sufixo.

- ☐ simpatizar
- ☐ incompleto
- ☐ infeliz
- ☐ desfazer

16. Marque um **X** na única palavra formada por derivação parassintética (prefixo e sufixo).

- ☐ relojoeiro
- ☐ paliteiro
- ☐ diário
- ☐ anoitecer

17. Assinale **V** para as alternativas verdadeiras e **F** para as falsas.

- ☐ A palavra **envernizar** é formada por acréscimo de prefixo e sufixo.
- ☐ A palavra **desleal** é formada pelo acréscimo de prefixo.
- ☐ A palavra **ilegal** é formada apenas pelo acréscimo de sufixo.
- ☐ A palavra **corda** é formada pelo acréscimo de prefixo.
- ☐ A palavra **amável** é formada pelo acréscimo de sufixo.

18. Para cada palavra primitiva, escreva duas palavras derivadas. Observe o exemplo.

a) Pão padeiro padaria

b) Gelo ____________________ ____________________

c) Jornal ____________________ ____________________

d) Fogo ____________________ ____________________

e) Papel ____________________ ____________________

19. Faça a correspondência entre a palavra derivada e a palavra primitiva que lhe deu origem.

a) caixote	☐ feijão
b) feijoada	☐ fruta
c) fruteira	☐ leite
d) ratoeira	☐ caixa
e) leiteiro	☐ rato

As terminações -**isar** e -**izar** seguem regras específicas: quando o radical da palavra primitiva apresentar a letra **s**, a palavra derivada terá a terminação -**isar**; do contrário, a terminação será -**izar**.

20. Complete as palavras com os sufixos -**isar** ou -**izar**. Observe o exemplo.

a) avi**s**o – avi**sar**

b) local ______________________

c) preciso ______________________

d) deslize ______________________

e) improviso ______________________

f) real ______________________

21. Consulte as palavras a seguir no dicionário e circule apenas aquelas escritas corretamente.

utilisar	pesquisar	organizar	socialisar
simbolisar	analisar	avisar	amenisar

- Escreva corretamente as palavras escritas de forma incorreta no quadro anterior.

____

22. Sublinhe, nos pares de palavras, aquela com o sufixo escrito corretamente.

a) folhagem – folhajem

b) chantagem – chantajem

c) estiajem – estiagem

d) malandrajem – malandragem

e) aprendizagem – aprendizajem

f) personagem – personajem

g) realisar – realizar

h) deslizar – deslisar

i) chorozo – choroso

j) espertesa – esperteza

k) curioso – curiozo

l) paisagens – paisajens

m) vertijem – vertigem

n) ferrugem – ferrujem

o) improvisar – improvizar

p) pesquizar – pesquisar

q) garajem – garagem

r) alisar – alizar

s) engrenagem – engrenajem

t) malicioso – maliciozo

u) gostozo – gostoso

v) espionajem – espionagem

w) teimoso – teimozo

x) carinhozo – carinhoso

VAMOS ESCREVER!

Agora é a sua vez de produzir um verbete de dicionário!

1. Observe o modelo do verbete **feliz**, do início da seção **Vamos conversar!**, e crie dois verbetes nos quadros a seguir. Para isso, siga algumas orientações:
   - crie um verbete para as palavras **brincar** e **estudar**;
   - escreva cada palavra separada por sílabas;
   - indique a classe gramatical de cada palavra, que são verbos (abreviação: ver);
   - atribua, pelo menos, três significados a cada palavra;
   - separe os significados por números.

2. Crie três palavras derivadas dos vocábulos **brincar** e **estudar**.

DIÁRIO DE BORDO

Nestas atividades, você aprendeu:

- o gênero verbete de dicionário e seus recursos discursivos;
- as palavras derivadas (processo de formação de palavras com o acréscimo de afixos: prefixos, sufixos ou ambos).

SEQUÊNCIA 3

VAMOS CONVERSAR!

Leia a reportagem a seguir.

O que é trabalho infantil?

Trabalho infantil é toda forma de trabalho realizado por crianças e adolescentes abaixo da idade mínima permitida, de acordo com a legislação de cada país. No Brasil, o trabalho é proibido para quem ainda não completou 16 anos, como regra geral. Quando realizado na condição de aprendiz, é permitido a partir dos 14 anos. Se for trabalho noturno, perigoso, **insalubre** ou atividades da lista TIP (piores formas de trabalho infantil), a proibição se estende aos 18 anos incompletos.

Assim, a proibição do trabalho infantil no Brasil varia de acordo com a faixa etária e com o tipo de atividades ou condições em que é exercido.

DIGITAL CLOUD/SHUTTERSTOCK

Confira:

a) até 13 anos – proibição total;

b) entre 14 e 16 anos – admite-se uma exceção: trabalho na condição de aprendiz;

c) entre 16 e 17 anos – permissão parcial. São proibidas as atividades noturnas, insalubres, perigosas e penosas

[...], haja vista que tais atividades são prejudiciais à formação intelectual, psicológica, social e/ou moral do adolescente.

[...]

Mundo

De acordo com a Organização Internacional do Trabalho, 152 milhões de crianças e adolescentes, também entre 5 e 17 anos, foram submetidas ao trabalho infantil em 2016. Embora as estatísticas mostrem que o número de crianças trabalhando tenha diminuído em 47 milhões entre 2008 e 2012, o trabalho infantil permanece comum e tem crescido no setor de serviços [...]. Esse resultado mostra que a mão de obra infantil é utilizada fora da agricultura, principalmente em países como Brasil, México e Indonésia.

[...]

Trabalhos invisíveis

Igualmente preocupantes são os tipos de trabalho realizados por crianças e adolescentes frequentemente admitidos pela sociedade, como o comerciante ambulante, o guardador de carros e o guia turístico, tornando o trabalho na infância invisível, aumentando seu ciclo de aceitação.

É preciso que a sociedade reconheça os impactos e consequências do trabalho infantil, sejam físicas ou psicológicas, na vida de meninos e meninas que trabalham, desconstruindo assim a falsa ideia de que o trabalho precoce é um caminho possível para o desenvolvimento humano e social. Antes de trabalhar, é preciso estudar, brincar, se socializar com outras crianças para se desenvolver em todas as suas faculdades de forma integral.

[...]

O QUE É TRABALHO INFANTIL? *Criança Livre de Trabalho Infantil*. Disponível em: https://livredetrabalhoinfantil.org.br/trabalho-infantil/o-que-e/. Acesso em: 20 maio 2022.

Vocabulário

Insalubre: que não é bom para a saúde.

1. A reportagem que você acabou de ler é composta de:

- [ ] somente texto.
- [ ] somente imagem.
- [ ] texto e imagem.
- [ ] texto e desenho.

2. Qual é a manchete da reportagem?

____

____

3. A manchete de uma notícia ou reportagem precisa ser:

- [ ] longa e descritiva.
- [ ] curta e precisa.
- [ ] longa e narrativa.
- [ ] curta e argumentativa.

4. Qual é o assunto principal da reportagem?

____

____

5. Até que idade o trabalho para crianças é totalmente proibido?

____

6. De 14 a 16 anos, o jovem pode trabalhar como:

- [ ] guardador de carro.
- [ ] ambulante.
- [ ] entregador de panfleto.
- [ ] aprendiz.

7. Aponte uma consequência negativa do trabalho infantil.

____

____

____

8. De acordo com a reportagem, quais são os direitos da criança?

____

____

____

VAMOS ENTENDER! !!!

1. Observe a manchete a seguir e faça o que se pede.

> Durante uma via*em pela floresta, alguns estran*eiros encontraram uma enorme * iboia que se refu*iava na folha*em.

a) Estão faltando duas letras nas palavras que compõem a manchete. Quais são elas? Responda oralmente.

b) Reescreva a manchete, completando as palavras com as letras que estão faltando.

____

____

____

Observe algumas regras importantes para o uso do **g** e do **j** nas palavras em língua portuguesa.

Usa-se **g**:

- Nos substantivos terminados em **-agem**, **-igem** e **-ugem**.
  Exemplos: paisagem; vertigem; ferrugem.
- Nas palavras terminadas em **-ágio**, **-égio**, **-ígio**, **-ógio**, **-úgio**.
  Exemplos: pedágio; privilégio; vestígio; relógio; refúgio.
- Em palavras derivadas de outras que se escrevem com **g**.
  Exemplo: gelado (de gelo).

Usa-se **j**:

- Nas formas dos verbos te rminados em **-jar** ou **-jear**. Exemplos: arranjar/arranjo; pajear/pajem.
- Nas palavras de origem tupi, africana ou árabe. Exemplos: jiboia; pajé; acarajé.
- Nas palavras derivadas de outras que se escrevem com **j**. Exemplo: lojista (de loja).

2. Complete as palavras a seguir com **g** ou **j**.

a) ___eito

b) relampe___ar

c) laran___a

d) gen___iva

e) colé___io

f) can___ica

g) via___ar

h) ori___em

i) prestí___io

j) a___eitar

3. Complete as palavras das frases a seguir com as terminações do quadro.

ágio	égio	ígio	ógio	úgio

a) Maria está procurando est________ em uma empresa.

b) O prefeito da cidade gozava de grande prest________.

c) O col________ em que minha mãe trabalha fica perto de um hospital.

d) A criança buscou ref________ no colo da mãe.

e) Quanto custa esse rel________?

4. Observe os termos destacados e complete as frases com a palavra adequada. Veja o modelo.

a) O **jornaleiro** é quem vende o **jornal**.

b) O ______________________ é quem possui **lojas**.

c) O ______________________ é quem faz **massagem**.

d) O ______________________ é quem costuma **viajar**.

e) O ______________________ é quem trabalha com **joias**.

f) O ______________________ cuida do **jardim**.

g) O ______________________ vende e conserta **relógios**.

5. Leia a manchete a seguir e faça o que se pede.

Lucas u*ou toda sua me*ada e comprou pre*entes para as crianças de uma vi*inhança carente: seu gesto de ami*ade e solidariedade foi muito elogiado.

a) Quais letras estão faltando nas palavras que compõem a manchete?

____

b) Reescreva a manchete, completando o texto com as letras que estão faltando.

____

____

____

____

____

____

Leia algumas informações importantes sobre o uso das letras **s** e **z** nas palavras em língua portuguesa.

Usa-se **s**:

- Em palavras derivadas de outras que apresentam **s** no radical. Exemplo: casa – casinha – casebre – casarão.
- Com os sufixos **-ês/-esa**, quando indicam nacionalidade, título ou origem. Exemplos: inglês/inglesa; português/portuguesa; marquês/marquesa.
- Com os sufixos **-ense**, **-oso** e **-osa**, formadores de adjetivos. Exemplos: curioso – curiosa; catarinense; palmeirense.
- Com os sufixos gregos **-ese**, **-isa**, **-ose**. Exemplos: catequese; poetisa; virose.

Usa-se **z**:

- Em palavras derivadas de outras que apresentam **z** no radical. Exemplo: cozinha – cozinhar.
- Nos sufixos **-ez** e **-eza**, em substantivos abstratos. Exemplos: rigidez; limpeza.
- Nas palavras derivadas em **-zal**, **-zeiro**, **-zinho**, **-zinha**, **-zito**, **-zita**.
  Exemplos: cafezal; cãozinho.

6. Complete as palavras a seguir com **s** ou **z**.

a) desli___ar
b) ca___amento
c) corajo___o
d) japone___a
e) ami___ade
f) amor___inho
g) bi___avô
h) co___inheira
i) prince___a

7. Marque um **X** nas palavras que estão escritas corretamente.

- [ ] chinesa
- [ ] limpeza
- [ ] florzinha
- [ ] rapoza
- [ ] portugueza
- [ ] pobresa

☐ amorsinho ☐ franceza ☐ bebezinho

☐ tesoura ☐ frieza ☐ rizada

- Reescreva corretamente as palavras que **não** foram marcadas com o **X**.

____

____

8. Forme substantivos com os sufixos **-ez** ou **-eza** para as palavras a seguir. Observe o modelo.

a) macio **maciez**

b) limpo ______________

c) belo ______________

d) magro ______________

e) delicado ______________

f) frio ______________

g) certo ______________

h) gentil ______________

i) grande ______________

j) sutil ______________

9. Complete as frases usando os sufixos **-ês** ou **-esa**.

a) Pierre nasceu na França. Ele é ______________.

b) Maria nasceu na China. Ela é ______________.

c) Pedro nasceu no Japão. Ele é ______________.

d) Ana nasceu em Portugal. Ela é ______________.

e) Joana nasceu na Holanda. Ela é ______________.

10. Observe o grupo de palavras a seguir e responda.

humano	hospital	hoje	hábito	herança	homem

a) O que as palavras do quadro têm em comum?

____

b) A letra **h** apresenta som nessas palavras?

☐ Sim. ☐ Não.

Observe algumas regras importantes para o uso da letra **h** nas palavras em língua portuguesa.

- Emprega-se o **h** inicial de acordo com a origem da palavra. Exemplo: hábito, hospital, horário etc.
- Também é empregado nas palavras que apresentam os dígrafos **ch**, **lh**, **nh**. Exemplo: chuveiro; telhado; manhã.
- No início e no fim de algumas interjeições. Exemplo: ah!; oh!; hum!

11. Leias as palavras do quadro em voz alta e reescreva apenas aquelas que estão corretas em relação ao uso da letra **h**.

hespanhol	horário	humanidade	história	halgum
hontem	hálito	halmoço	humilde	hobedecer

____

____

12. Complete as palavras com **há**, **ha**, **he**, **hi**, **ho**, **hu**.

a) ______rta.

b) ______popótamo.

c) ______rizonte.

d) ______bito.

e) ______roína.

f) ______bitação.

13. Preencha as lacunas com as palavras do quadro que melhor se encaixam nas frases propostas.

herói	hortaliças	helicóptero	Humberto	horário

a) É importante comer muitas ______________________ para ter uma alimentação saudável.

b) Não se atrase para o ______________ da aula!

c) ______________ viajou com a família para a fazenda.

d) O ______________ sobrevoou a cidade ontem.

e) O bombeiro salvou um cãozinho em perigo. Ele foi um verdadeiro ______________.

14. Leia as palavras do quadro e faça o que se pede.

exame	beleza	exercício	certeza	exato	vizinho

a) Qual som consonantal se repete nas palavras?

____

b) O som de **z** é representado pela mesma letra em todas as palavras? Justifique sua resposta.

____

____

c) A letra **x** sempre tem som de **z** nas palavras? Se não tiver, justifique sua resposta com exemplos de palavras escritas com **x** que apresentam outros sons.

____

____

____

A letra **x** pode assumir diferentes sons nas palavras da língua portuguesa. Por exemplo: som de **z** (exame), som de **ch** (baixo), som de **s** (texto), som de **ss** (auxiliar), som de **cs** (boxe), entre outros sons.

15. Complete as palavras a seguir com **x** ou **z**.

a) e___emplo **b)** e___ército **c)** tradu___ir

d) produ___ir

e) e___igente

f) co___inhar

g) utili___ar

h) e___ato

i) e___ibição

16. Pinte os quadrinhos que apresentam o som correto da letra **x** nas palavras a seguir.

	Z	CH	CS	SS
bruxa				
aproximar				
oxigênio				
caixa				
máximo				
exaltar				
taxista				
exato				
reflexo				

17. Complete as palavras com **x** ou **ch**.

a) pu___ar

b) ___utar

c) pei___aria

d) bola___a

e) mo___ila

f) fe___ar

g) quei___o

h) me___er

i) ___eiro

18. Preencha as frases com as letras que estão faltando nas palavras.

a) Quando a ___uva passar, podemos iniciar a fa___ina.

b) João foi ao ___ospital para o médico analisar os e___ames dele.

c) Minha mãe co___inhou carne, batatas, a___eitonas e chu___u.

d) Ontem fomos ao ___oológico e vimos as ___ebras e___ibindo suas lindas listras.

VAMOS ESCREVER!

- Imagine que você foi convidado para escrever uma manchete para uma edição do jornal da escola. Nela, você deverá noticiar algum acontecimento importante que ocorreu, seja um evento, uma feira cultural, um projeto desenvolvido. Use a criatividade e escreva uma manchete bem interessante, que chame a atenção dos leitores e aguce a curiosidade deles para a leitura completa da notícia.

Siga essas orientações.

- Use letras grandes para escrever a manchete.
- Utilize cores mais fortes para chamar a atenção dos leitores.
- A manchete deve ser curta.

____

____

____

____

____

DIÁRIO DE BORDO

Nestas atividades, você aprendeu:

- o gênero manchete e seus recursos discursivos e estilísticos;
- o uso do **g** e **j** nas palavras (regras e aplicações);
- o uso do **s** e **z** nas palavras (regras e aplicações);
- o uso do **h** inicial nas palavras (aplicações);
- o uso do **x** e **z** nas palavras (aplicações).

SEQUÊNCIA

4

VAMOS CONVERSAR!

Leia em voz alta a receita culinária a seguir.

Omelete com cenoura

Ingredientes

- 3 ovos
- 1 **cenoura** média
- 1 **cebola** média
- 100 g de muçarela
- Azeite
- Coentro a gosto
- Sal a gosto

Modo de preparo

Quebre os ovos em uma **tigela** e bata bem.

Rale a cenoura e pique a cebola.

Corte a muçarela e reserve.

Misture a cenoura, a cebola, o sal e o coentro aos ovos batidos.

Em uma **frigideira**, coloque o azeite e, com o auxílio de uma **concha**, adicione a mistura.

Deixe em fogo baixo por 40 segundos e vire.

Em seguida, adicione o **queijo** muçarela e deixe mais 40 segundos em fogo baixo.

1. Assinale a única alternativa que **não** representa o objetivo de uma receita.

- [ ] Orientar.
- [ ] Convencer.
- [ ] Ensinar.
- [ ] Instruir.

2. Qual é o título da receita que você acabou de ler?

____

3. De quantas partes essa receita é formada? Quais são elas?

____

4. A primeira parte da receita está organizada em:

- [ ] parágrafos.
- [ ] tópicos.

5. Em uma receita, para que servem os números indicados antes dos ingredientes?

____

6. Quais ingredientes da receita **não** apresentam a quantidade exata de uso?

____

7. Qual expressão representa melhor a segunda parte da receita?

- [ ] Argumentação.
- [ ] Diálogo.
- [ ] Passo a passo.
- [ ] Jogo.

8. Qual é a função do uso dos verbos no **Modo de preparo**?

____

9. Os verbos, da forma como se apresentam no **Modo de preparo**, podem ser considerados:

- [ ] afirmativos.
- [ ] imperativos.

VAMOS ENTENDER!

1. Na receita de omelete com cenoura, algumas palavras estão destacadas. Reescreva-as, separando as sílabas e sublinhando a sílaba mais forte de cada uma delas.

____

____

2. Nas palavras que você reescreveu na atividade anterior, a sílaba mais forte de cada uma delas fica na:

- [ ] última sílaba.
- [ ] penúltima sílaba.
- [ ] antepenúltima sílaba.

3. Separe as sílabas das palavras do quadro e, em seguida, circule com lápis de cor azul a sílaba tônica de cada uma delas.

	Sílabas		
Palavras	**Antepenúltima**	**Penúltima**	**Última**
corda	______	______	______
jumento	______	______	______
cola	______	______	______
cedo	______	______	______
dado	______	______	______
pertence	______	______	______
amigo	______	______	______

4. Observe o grupo de palavras do quadro a seguir e faça o que se pede.

facil	reporter	gratis
bençao	lapis	amavel

a) As palavras estão escritas corretamente?

☐ Sim. ☐ Não.

b) O que está faltando nelas?

____

c) Quais acentos estão faltando nas palavras?

____

d) Reescreva as palavras do quadro com os devidos acentos gráficos.

____

____

5. Leia em voz alta as palavras do quadro e circule apenas aquelas em que a penúltima sílaba é a mais forte.

fútil	jacaré	pétala	cipó
régua	lápis	computador	mesa

Veja algumas informações importantes sobre a acentuação das palavras.

A **acentuação gráfica** é utilizada para marcar a pronúncia de uma vogal ou a sílaba tônica de uma palavra.

Sílaba tônica é a sílaba da palavra pronunciada com mais intensidade.

Os acentos gráficos mais utilizados na língua portuguesa são o **acento agudo** (´) e o **acento circunflexo** (^).

Dependendo da sílaba tônica da palavra, a acentuação gráfica apresenta algumas regras específicas, como as palavras **paroxítonas**, que são aquelas cuja sílaba tônica (mais forte) é a **penúltima**. Exemplos: ca**der**no; ja**ne**la; pa**ne**la.

Algumas palavras paroxítonas são acentuadas, a exemplo daquelas terminadas em **i(s)**, **l**, **r**, **ão(s)**. Exemplos: **ú**til; di**fí**cil; **í**mpar; **ó**rfão.

6. Observe o exemplo e preencha o quadro conforme o que se pede.

Palavra	Separação silábica	Sílaba tônica	Classificação
júri	jú-ri	jú	paroxítona terminada em i.
tênis	______	______	______
ágil	______	______	______
caráter	______	______	______
órgão	______	______	______
órfãos	______	______	______

7. Todas as palavras a seguir são paroxítonas terminadas em **l** e **is**. Reescreva-as, acentuando-as corretamente.

a) movel ______

b) moveis ______

c) agradavel ______

d) agradaveis ______

e) tunel ______

f) tuneis ______

8. Sobre as palavras da atividade anterior, responda:

a) Qual acento gráfico foi utilizado?

______

b) O acento gráfico utilizado apresenta som aberto ou fechado?

______

c) Por que todas as palavras são acentuadas?

______

9. Para cada coluna, marque um **X** na palavra paroxítona que deve ser acentuada.

☐ vizinho	☐ amigo	☐ abraço
☐ mesa	☐ felicidade	☐ amizade
☐ album	☐ açucar	☐ automovel

☐ barco ☐ carro ☐ chave

☐ cabelo ☐ orgão ☐ escola

10. Marque **V** para as alternativas verdadeiras e **F** para as falsas.

☐ A palavra **ninguém** é paroxítona.

☐ A palavra **livro** não é paroxítona.

☐ A palavra **mártir** deve ser acentuada porque é paroxítona terminada em **r**.

☐ A palavra **príncipe** deve ser acentuada porque é paroxítona terminada em **e**.

☐ A palavra **nível** deve ser acentuada porque é paroxítona terminada em **l**.

11. Reescreva as frases, acentuando corretamente as palavras paroxítonas.

a) Agua é bom para uma vida saudavel.

____

b) Ontem, no museu, vimos o fossil de um peixe.

____

c) Meu cachorro é docil e amigavel.

____

d) O reporter fez uma pergunta dificil.

____

12. Leia as palavras do quadro em voz alta e sublinhe de lápis de cor vermelho apenas aquelas que são acentuadas.

docil	gentil	reptil	textil
pensil	funil	animal	

a) Nas palavras que são acentuadas, o que há de comum entre elas?

____

b) Por que algumas não são acentuadas mesmo terminando com a letra **l**?

____

c) Entre as palavras que você sublinhou, quais acentos foram utilizados?

____

d) Qual é a diferença entre os acentos utilizados nas palavras sublinhadas?

____

____

13. Leia atentamente o parágrafo a seguir; depois, reescreva-o, acentuando as palavras quando necessário.

Ontem houve festa de aniversario no meu predio. A mãe do meu amigo arrastou os moveis da sala para a gente se divertir de maneira confortavel. O espaço ficou muito agradavel! Teve bastante comida legal, mas sem açucar, pois precisamos ser saudaveis. Depois, tiramos muitas fotos para montar um album.

____

____

____

____

____

____

____

a) Quais são as palavras paroxítonas do parágrafo?

____

____

____

____

b) Quantas delas são acentuadas?

☐ 5 ☐ 7

☐ 6 ☐ 8

14. Ajude Carlos a montar sua receita, separando as palavras do quadro de acordo com sua função.

Panqueca de forno

SHUTTERSTOCK

© 2013 ALEX STAROSELTSEV/ SHUTTERSTOCK

© 2017 BERGAMONT/ SHUTTERSTOCK

© 2017 SEREGAM/ SHUTTERSTOCK

© 2019 PINEAPPLE STUDIO/SHUTTERSTOCK

asse	aveia	maçã	amasse
retire	descasque	deixe esfriar	banana
coloque	mel	ovos	misture

Ingredientes	**Modo de preparo**
aveia	descasque
maçã	______
banana	______
mel	______
ovos	______
	______
	deixe esfriar

a) O que falta colocar na lista de ingredientes?

____

____

b) Coloque as frases do **Modo de preparo** na ordem correta, numerando de 1 a 5.

- [ ] **Asse** em forno brando por 15 minutos.
- [ ] **Coloque** todos os ingredientes em uma forma redonda untada.
- [ ] **Descasque** as frutas e depois as **amasse**.
- [ ] **Misture** as frutas com o leite, os ovos, a aveia e o mel.
- [ ] **Retire** e **deixe esfriar**.

VAMOS ESCREVER!

Agora é a sua vez de produzir uma receita culinária!

- Seu melhor amigo vai passar a tarde em sua casa, e o lanche preferido dele é tapioca recheada e vitamina de morango e banana. Siga o modelo da receita apresentada na seção **Vamos conversar!** e crie duas receitas: uma para a tapioca recheada e outra para a vitamina de morango e banana. Para isso:
  - inclua apenas ingredientes saudáveis nas duas receitas. Por exemplo: frango desfiado, queijo, leite integral, mel.
  - coloque a quantidade exata de ingredientes e explique o modo de preparo.
  - indique os utensílios necessários. Por exemplo: liquidificador, *mixer*, panelas.

Tapioca recheada

Ingredientes

Modo de preparo

Vitamina de morango e banana
Ingredientes
Modo de preparo

DIÁRIO DE BORDO

Nestas atividades, você aprendeu:

- o gênero receita e seus recursos discursivos e estilísticos;
- a acentuação das palavras (acentos agudo e circunflexo);
- a acentuação das paroxítonas.

SEQUÊNCIA 5

VAMOS CONVERSAR!

Leia o conto O **Gato de Botas**.

O Gato de Botas

Era uma vez um velho **moleiro** que tinha três filhos. Ao morrer, deixou, como herança, o **moinho** para o primogênito, um **burrinho** para o filho do meio e um **gato** para o caçula, que se pôs a chorar:

– O que será de mim? Por que papai me deixou desamparado? Vou morrer de fome!

O felino, que ouvia tudo em silêncio, resolveu falar:

– Não se preocupe! Peço apenas que compre para mim um par de **botas** e uma **bolsa** de couro. [...]

Logo que recebeu seus presentes, o gato dirigiu-se ao bosque, onde capturou duas **codornas**. Em seguida, entregou-as ao rei e disse que foram mimos do Marquês de Carabás. [...]

Em uma bela tarde, sabendo que o **monarca** e a princesa sairiam para passear, o gato convidou o jovem para descansarem à margem do rio. Tiravam uma soneca, quando a carruagem real se aproximou. Sem pestanejar, o felino despertou seu proprietário e disse:

– [...] Retire suas roupas e entre logo no rio! O resto eu faço.

Enquanto o dono obedecia, o gato correu em direção à carruagem, gritando:

– Socorro! Roubaram as roupas de meu senhor, o Marquês de Carabás!

Ao ouvir aquele nome, o rei ordenou que parassem [...], determinou que providenciassem trajes para o rapaz e o convidou para entrar na carruagem.

O gato, sorrateiramente, perguntou:

– Vossa Majestade nos daria a honra de visitar o palácio do Marquês de Carabás?

O rei aceitou o convite, e o gato foi na frente [...] Na verdade, o felino saiu em direção às terras de um rico e misterioso ogro. [...]

Assim, o gato continuou a correr, até alcançar o castelo do terrível ogro, que, ao vê-lo, indagou:

– Quem é você? O que deseja em meus domínios?

– Sou o Gato de Botas, seu modesto servo [...]! Ouvi dizer que o senhor possui poderes mágicos. [...] Será que conseguiria me transformar em um leão?

Imediatamente, houve a **metamorfose**, e o bichano emendou:

– Nossa! Mas eu duvido que você consiga virar um ratinho!

Cheio de orgulho, o ogro se converteu em roedor. Sem perder tempo, o leão o comeu e, em seguida, voltou à forma natural.

Naquele momento, o rei chegara às portas do palácio e, impressionado com a riqueza e com a modéstia do jovem, ofereceu a mão da princesa em casamento. O Marquês de Carabás aceitou e foi muito feliz ao lado da esposa e do fiel escudeiro.

FIGUEIREDO FILHO, Ricardo Moreira. Ministério da Educação (org.). *O Gato de Botas*. Disponível em: http://alfabetizacao.mec.gov.br/images/conta-pra-mim/livros/versao_digital/gato_de_botas_versao_digital.pdf. Acesso em: 20 maio 2022.

Vocabulário

Metamorfose: mudança completa de forma; transformação.

Moleiro: quem cuida ou é dono de um moinho.

Monarca: rei.

1. Responda oralmente:

a) Qual é o título do conto que você acabou de ler?

b) Quem escreveu essa versão do conto?

c) Quem são os personagens do conto?

2. O que o gato pediu ao dono como condição para torná-lo famoso?

____

3. O gato queria transformar seu amo em um homem poderoso. Que nome ele inventou para que o rapaz parecesse um membro da nobreza?

____

4. O gato, apesar de pequeno e aparentemente frágil, consegue tudo o que deseja. Isso acontece porque ele é:

- [ ] piedoso.
- [ ] bondoso.
- [ ] astuto.
- [ ] medroso.

5. O conto tem um final feliz? Como você chegou a essa conclusão?

____

____

VAMOS ENTENDER!

1. Você deve ter observado que no conto **O Gato de Botas** algumas palavras estão destacadas. Separe-as em dois grupos diferentes.

Objetos	Animais
____________	____________
____________	____________
____________	____________

As palavras que você separou têm uma característica comum: dão nomes a seres. Na língua portuguesa, essas palavras recebem o nome de substantivos.

Substantivos são palavras que nomeiam seres, sejam eles pessoas ou animais. Além disso, fazem parte dessa classe gramatical os objetos, os sentimentos, os fenômenos e os lugares.

2. Escreva quatro outras palavras do conto **O Gato de Botas** que também pertencem à classe gramatical dos substantivos.

____

a) Retire do conto três substantivos que estão no singular.

____

b) Retire do conto três substantivos que estão no plural.

____

c) Retire do conto três substantivos que dão nomes a lugares.

____

3. Leia as palavras a seguir em voz alta. Depois, reescreva apenas aquelas classificadas como substantivos.

casa	viajar	rua	laranja
São Paulo	correr	bicicleta	Maria
estudar	pedra	comprar	caderno
inteligente	amoroso	cantar	João Pedro

____

____

4. Sublinhe com lápis de cor azul os substantivos das frases a seguir.

a) Minha mãe comprou frutas e legumes.

b) O carro do vizinho é preto.

c) O Rio de Janeiro é uma cidade muito bonita.

d) O gato arranhou todo o sofá.

e) Maria derramou a água do copo.

5. Em cada coluna, marque com um **X** apenas os substantivos.

☐ Maria	☐ ensinar	☐ hoje
☐ aprender	☐ chuva	☐ ontem
☐ retrato	☐ bonita	☐ ele
☐ falar	☐ muito	☐ Salvador

6. Observe os substantivos do quadro e preencha a tabela com as palavras correspondentes.

lápis	banana	praia	mamão	Maria
chuva	mesa	João	leão	fazenda
floresta	cachorro	caneta	Pedro	goiaba
	trovão	cinema	tempestade	

Animais	Frutas	Pessoas	Objetos	Lugares	Fenômenos
______	______	______	______	______	______
______	______	______	______	______	______
______	______	______	______	______	______
______	______	______	______	______	______

Os substantivos podem ser classificados em:

Substantivos comuns: palavras que nomeiam seres da mesma espécie. Exemplos: casa, carro.

Substantivos próprios: palavras que nomeiam seres específicos; geralmente, são escritas com iniciais maiúsculas. Exemplos: Marcela, Fortaleza.

Substantivos concretos: palavras que nomeiam tudo aquilo que se pode ver ou tocar concretamente ou criar sua forma concreta. Exemplos: fada, livro.

Substantivos abstratos: palavras que nomeiam qualidades, sentimentos, estados e dependem de um substantivo concreto para terem sentido completo. Exemplo: amor, felicidade.

Substantivos coletivos: palavras que designam o conjunto de seres da mesma espécie. Exemplo: cardume (coletivo de peixes), banda (coletivo de músicos).

7. Escreva **SC** para substantivo comum e **SP** para substantivo próprio.

- ☐ Pernambuco
- ☐ Maria
- ☐ cadeira
- ☐ João
- ☐ computador
- ☐ cidade
- ☐ papel
- ☐ Brasil
- ☐ janela
- ☐ Maceió

8. Leia as palavras do quadro em voz alta e circule apenas os substantivos abstratos.

mesa	flor	paz	alegria	caderno
celular	saudade	porta	felicidade	

9. Relacione a segunda coluna com a primeira, de acordo com o substantivo coletivo adequado.

I. plantas	☐	letras
II. álbum	☐	bois
III. biblioteca	☐	palavras
IV. colmeia	☐	flora
V. discoteca	☐	livros
VI. boiada	☐	abelhas
VII. alfabeto	☐	discos
VIII. vocabulário	☐	fotos

10. Classifique os substantivos a seguir em concreto, abstrato ou coletivo.

a) unicórnio ____________________

b) calor ____________________

c) árvore ____________________

d) rebanho ____________________

e) fauna ____________________

f) prato ____________________

g) tristeza ____________________

h) sofá ____________________

i) paciência ____________________

j) cacho ____________________

11. Para cada item, marque a alternativa correta.

a) Xícara.

☐ substantivo comum ☐ substantivo próprio

b) Água.

☐ substantivo concreto ☐ substantivo abstrato

c) João Pessoa.

☐ substantivo comum ☐ substantivo próprio

d) Timidez.

☐ substantivo concreto ☐ substantivo abstrato

e) Alcateia.

☐ substantivo coletivo ☐ substantivo composto

12. Para cada tipo de substantivo, elabore uma frase no caderno.

a) substantivo comum – árvore.

b) substantivo próprio – Brasil.

c) substantivo concreto – escola.

d) substantivo abstrato – felicidade.

e) substantivo coletivo – biblioteca.

13. Leia as frases e classifique os substantivos em destaque.

a) **Maria** é uma mulher gentil.

____

b) As **praias** de Fortaleza são belas.

____

c) A **gratidão** é um sentimento nobre.

____

d) Ontem vimos uma **constelação**.

____

e) A **cadeira** está quebrada.

____

Os substantivos flexionam-se em gênero e número.

Quanto ao gênero: podem ser classificados em masculino e feminino.

Observe algumas regras para a flexão de gênero:

- Como regra geral, os substantivos masculinos terminam em **o**, e os femininos, em **a**. Exemplos: gat**o** – gat**a**.
- Para alguns substantivos, identificamos a flexão de gênero pelo artigo que acompanha o substantivo. Por exemplo: **o** homem – **a** mulher.

Quanto ao número: podem ser classificados em singular e plural.

Observe algumas regras para a flexão de número:

- Como regra geral, acrescentamos a letra **s** para os substantivos no plural. Exemplos: casa**s**; pessoa**s**.
- Substantivos terminados em **r** ou **z**, acrescenta-se **es** para formar o plural. Exemplos: flo**r** – flor**es**; rai**z** – raíz**es**.
- Substantivos terminados em -**al**, -**el**, -**ol**, -**ul**, troca-se o **l** por **is**. Exemplos: jorna**l** – jorna**is**; ane**l** – ané**is**; carac**ol** – caracó**is**; az**ul** – azu**is**.
- Substantivos terminados em **m** formam o plural com **ens**. Exemplo: home**m** – home**ns**.
- Substantivos terminados em **ão** têm três variações para o plural: **ões**, **ães** e **ãos**. Exemplo: mam**ão** – mam**ões**; p**ão** – p**ães**; m**ão** – m**ãos**.
- Substantivos terminados em **x** não mudam no plural. Exemplo: **o** tórax – **os** tórax.

14. Escreva o plural dos substantivos a seguir.

a) mulher ______________

b) colher ______________

c) limão ______________

d) nuvem ______________

e) criança ______________

f) país ______________

g) cadeira ______________________

h) celular ______________________

i) viagem ______________________

j) professor ______________________

15. Forme o plural dos substantivos com **ãos** ou **ões**.

a) colchão ______________________

b) cidadão ______________________

c) leão ______________________

d) botão ______________________

e) mão ______________________

f) irmão ______________________

g) perdão ______________________

h) chão ______________________

i) questão ______________________

j) canção ______________________

16. Reescreva os substantivos a seguir no gênero feminino.

a) o menino ______________________

b) o rei ______________________

c) o artista ______________________

d) o leão ______________________

e) o boi ______________________

f) o vendedor ______________________

g) o príncipe ______________________

h) o ator ______________________

i) o médico ______________________

j) o escritor ______________________

17. No caderno, passe as frases a seguir para o feminino.

a) O professor estava animado.

b) O estudante comprou dois livros.

c) O cantor famoso fará um *show* amanhã.

d) Este homem de azul é muito alto.

e) Os jogadores do time de futebol foram campeões.

18. Marque com um **X** todos os substantivos do gênero masculino.

☐ herói

☐ papel

☐ boneca

☐ eleição

☐ nuvem

☐ pão

☐ sol

☐ caderno

VAMOS ESCREVER!

- Releia a adaptação do conto **O Gato de Botas** e crie um final diferente para ele. Se desejar, acrescente novos personagens à história ou crie novos diálogos entre os personagens. Seja criativo e mãos à obra!

____

____

____

____

____

____

____

____

____

____

DIÁRIO DE BORDO

Nestas atividades, você aprendeu:

- o gênero conto e seus recursos discursivos e estilísticos;
- o substantivo (conceituação, classificação e flexão).

SEQUÊNCIA 6

VAMOS CONVERSAR!

Leia o texto a seguir, com a ajuda do professor.

Estudante cria projeto para ajudar pessoas e instituições de caridade

"Dona Desapego". Este é o nome do projeto social encabeçado pela estudante Adrielle Matrigani Dona, 23 anos, criado para ajudar as pessoas em situação de vulnerabilidade e instituições de caridade de Sorocaba e região.

BLACK SALMON/SHUTTERSTOCK

A iniciativa é simples: ela recebe doação de roupas, calçados e outros produtos e destina para as entidades ou doa para moradores de rua.

[...]

Apesar da pouca idade, Adrielle está há muito tempo trabalhando pelo próximo. Uma de suas primeiras ações foi em 2014. [...]

Ela acredita que o seu propósito em vida é ajudar. Por isso, até campanha de doação de sangue no trabalho organizou. [...]

[...]

Apesar de estar focada, neste momento, no "Dona Desapego", Adrielle participa de ações para diferentes tipos de causas. Uma delas é o "Ame o Agora", em que espalha pela cidade livros, pedras e bilhetes, sempre contendo uma mensagem positiva.

ESTUDANTE CRIA projeto para ajudar pessoas e instituições de caridade. *Gazeta de Votorantim*, 12 maio 2021. Disponível em: http://www.gazetadevotorantim.com.br/noticia/41359/estudante-cria-projeto-para-ajudar-pessoas-e-instituicoes-de-caridade.html. Acesso em: 28 mar. 2022.

1. Que tipo de texto você acabou de ler?

- [ ] Uma notícia.
- [ ] Uma fábula.
- [ ] Um conto.
- [ ] Uma tirinha.

2. Onde esses textos costumam ser encontrados?

____

____

3. Esse tipo de texto apresenta histórias reais ou inventadas?

____

4. Qual é o título do texto?

____

____

5. Qual é o assunto do texto?

____

____

____

6. Quais são os itens recebidos por Adrielle para doar às pessoas?

____

____

7. Que outra campanha Adrielle organizou além da "Dona Desapego"?

____

____

VAMOS ENTENDER!

1. Leia as frases a seguir, retiradas da notícia, observe as palavras destacadas e faça o que se pede.

> **A** iniciativa é simples: ela recebe [...].
> **Uma** de suas primeiras ações foi em 2014.

a) Na primeira frase, **a** está se referindo a qual palavra?

____

b) Na segunda frase, **uma** está se referindo a qual palavra?

____

As palavras destacadas no quadro da atividade anterior são chamadas de **artigos**. Os artigos acompanham os substantivos para determiná-los e podem variar em gênero (masculino/feminino) e número (singular/plural). Veja os tipos de artigos.

> **Definidos:** indicam seres determinados, específicos. São eles: **o**, **a**, **os**, **as**.
> Exemplos: **o** gato; **as** casas; **os** meninos.

Indefinidos: indicam seres indeterminados, imprecisos. São eles: **um**, **uma**, **uns**, **umas**.

Exemplos: **um** gato; **umas** casas; **uns** meninos.

2. Leia as frases a seguir e circule os artigos.

a) A viagem para a praia foi muito divertida.

b) Meu pai comprou umas frutas e uns legumes.

c) O professor de Matemática terminou a aula mais cedo.

d) O carteiro entregou umas encomendas.

e) Marcelo precisa de uma professa de Inglês.

f) O menino foi brincar na casa da prima.

g) Lina convidou uns amigos para jogar bola.

h) Comprei umas camisetas e uns *shorts* novos.

3. Preencha as lacunas com os artigos definidos adequados.

a) ____ escada

b) ____ flor

c) ____ rapazes

d) ____ garrafas

e) ____ frutas

f) ____ sofá

g) ____ cama

h) ____ computador

i) ____ animais

j) ____ professor

4. Agora, preencha as lacunas com os artigos indefinidos adequados.

a) ______ limão

b) ______ mesa

c) ______ leão

d) ______ brinquedos

e) ______ panelas

f) ______ roupa

g) ______ coelho

h) ______ fotos

i) ______ carros

j) ______ avião

5. Leia as frases a seguir e marque **D** quando o termo destacado for artigo definido e **I** quando for indefinido.

- [ ] Comprei **um** presente que minha mãe queria.
- [ ] **O** suco estava delicioso.
- [ ] **A** aula de Português foi maravilhosa.
- [ ] **Umas** meninas estavam jogando bola.
- [ ] Ganhei **umas** três moedas.

6. Preencha as lacunas com o que se pede nos parênteses.

a) ______ alunos estão no laboratório de informática. (artigo definido)

b) Já está na hora de desligar ______ televisão. (artigo definido)

c) ______ crianças estavam correndo na rua. (artigo indefinido)

d) ______ livros caíram da bolsa daquela mulher. (artigo indefinido)

e) ______ jantar já está pronto. (artigo definido)

7. Leia as frases a seguir em voz alta, observe os artigos em destaque e complete as lacunas com as palavras mais adequadas do quadro.

casa	pássaros	médico
pipocas	copo	gatinha

a) Cuidado para não quebrar **o** ______________________, pois você pode se machucar.

b) O animal de estimação de Ana é **uma** ______________________.

c) **O** ______________________ receitou alguns remédios.

d) Meus vizinhos venderam **a** ______________________ deles e se mudaram para o interior.

e) Minha mãe fez **umas** ______________________ deliciosas.

f) **Os** ______________________ cantaram a manhã toda.

8. Complete o parágrafo a seguir com os artigos adequados.

Ontem, ________ meus pais me levaram para ________ passeio no circo. Eu nunca havia ido ao circo antes. Foi maravilhoso! Tinha ________ palhaço muito engraçado. Mas ________ melhor atração da noite foi ________ apresentação da trapezista. Fiquei impressionado com ________ acrobacias dela. Com certeza, foi ________ passeio inesquecível!

Os **numerais** são palavras utilizadas para quantificar os seres ou determinar a ordem que eles ocupam. Veja como podem ser classificados.

Cardinais: indicam quantidade de seres ou coisas.
Exemplo: um, dois, três.

Ordinais: indicam a ordem ou a posição que um ser ocupa em uma sequência.
Exemplo: primeiro, segundo, terceiro.

Multiplicativos: indicam o número de vezes que uma quantidade foi multiplicada.
Exemplo: dobro, triplo, quádruplo.

Fracionários: indicam as frações ou divisões de uma unidade.
Exemplo: um meio, um terço, dois terços.

9. Escreva por extenso os numerais cardinais a seguir.

a) 10 ______________________

b) 12 ______________________

c) 23 ______________________

d) 30 ______________________

e) 34 ______________________

f) 45 ______________________

g) 56 ______________________

h) 67 ______________________

10. Nos numerais a seguir, escreva **C** para cardinal e **O** para ordinal.

- ☐ quarenta e dois
- ☐ dezessete
- ☐ sessenta e oito
- ☐ vigésimo primeiro
- ☐ décimo primeiro
- ☐ quatorze
- ☐ nono
- ☐ décimo segundo
- ☐ setenta e cinco
- ☐ décimo oitavo
- ☐ segundo
- ☐ trinta e cinco
- ☐ trigésimo
- ☐ oitenta e oito
- ☐ doze
- ☐ vigésimo sétimo

11. Complete a segunda coluna de acordo com a primeira.

I. numeral cardinal

II. numeral ordinal

III. numeral multiplicativo

IV. numeral fracionário

- ☐ terceiro
- ☐ dois sextos
- ☐ dobro
- ☐ triplo
- ☐ trinta e três
- ☐ primeiro

12. Observe os numerais em destaque nas frases e assinale sua classificação correta.

a) Minha mãe tem **quarenta e dois anos**.

☐ cardinal ☐ ordinal ☐ multiplicativo ☐ fracionário

b) Meu irmão completou **um terço** da prova.

☐ cardinal ☐ ordinal ☐ multiplicativo ☐ fracionário

c) Meu nome é o **terceiro** da lista.

☐ cardinal ☐ ordinal ☐ multiplicativo ☐ fracionário

d) A nota de Maria foi o **dobro** da minha.

☐ cardinal ☐ ordinal ☐ multiplicativo ☐ fracionário

13. Leia o parágrafo a seguir, sublinhe os numerais e, em seguida, faça o que se pede.

Na minha escola há oito salas de aula. Nas duas primeiras salas, estudam os primeiros anos. Na terceira sala, estuda o segundo ano. Na quarta sala, estuda o terceiro ano. Na quinta sala, estuda o quarto ano, minha turma. Na sexta sala, a maior da escola, estuda o quinto ano. A sala do quinto ano tem o triplo de alunos da minha turma. A sétima sala é a biblioteca, e a oitava sala é o laboratório de informática. Nele, há doze computadores, mas um terço deles está no conserto.

a) Que tipo de numeral aparece mais vezes no parágrafo?

☐ cardinal ☐ ordinal

☐ multiplicativo ☐ fracionário

b) Escreva por extenso os numerais cardinais que aparecem no parágrafo.

___

c) Qual é o único numeral multiplicativo que aparece no parágrafo?

____

d) Qual é o único numeral fracionário que aparece no parágrafo?

____

14. Complete as frases com os numerais cardinais apropriados.

a) Um dado tem ____________ lados.

b) Uma semana tem ____________ dias.

c) O mês de dezembro tem ____________ dias.

d) Um ano tem ____________ meses.

e) Um dia tem ____________ horas.

f) Uma hora tem ____________ minutos.

15. Complete as frases com os numerais entre parênteses. Escreva--os por extenso.

a) João tem ____________ anos. (16)

b) Pedro chegou em ____________ lugar na corrida. (3º)

c) Minha cidade completou ____________ anos de existência. (100)

d) Meu nome é o ____________ da lista de frequência. (13º)

e) Minha amiga mora no ____________ andar do meu prédio. (8º)

16. Preencha corretamente os espaços com numerais ordinais.

a) Campeão é aquele que chega em ____________ lugar.

b) Vice-campeão é aquele que chega em ________________ lugar.

c) Recebe medalha de bronze o atleta que tira o ________________ lugar.

d) Sábado é o ________________ dia da semana.

e) Abril é o ________________ mês do ano.

VAMOS ESCREVER!

1. Imagine que em sua escola haverá uma feira cultural com jogos, brincadeiras, palestras e apresentações. Crie uma notícia para informar aos estudantes e à comunidade escolar sobre o evento. Para isso, dê um título à notícia e informe o dia, o local e o horário onde a feira cultural acontecerá.

2. Após finalizar sua notícia, circule os artigos definidos, sublinhe os artigos indefinidos e pinte de lápis de cor azul os numerais.

DIÁRIO DE BORDO

Nestas atividades, você aprendeu:

- o gênero notícia e seus recursos discursivos e estilísticos;
- os artigos (definidos e indefinidos);
- os numerais (definição e classificação).

SEQUÊNCIA 7

VAMOS CONVERSAR!

Leia o texto a seguir.

Plante um feijão

Objetivo

Observar o crescimento de uma planta.

Materiais necessários

- 1 copo descartável
- 5 gramas de algodão limpo
- 1 grão de feijão
- água

Procedimento

1. Molhe o algodão na água.
2. Coloque o algodão umedecido no fundo do copo descartável.
3. Coloque o grão de feijão sobre o algodão.
4. Coloque o copo em um local iluminado.
5. Todos os dias, molhe o algodão para que ele não seque por completo.
6. Quando a raiz do feijão começar a crescer, mude-o para um vaso ou plante-o na terra.

Resultado

O feijão se transformará em uma planta.

1. Que tipo de texto você acabou de ler?

- [ ] Uma manchete.
- [ ] Um texto instrucional.
- [ ] Um conto.
- [ ] Uma lenda.

2. Qual é a função do texto que você acabou de ler?

- [ ] Vender um produto.
- [ ] Contar uma história.
- [ ] Divertir o leitor.
- [ ] Descrever o passo a passo de um experimento.

3. Qual é o título do texto?

____

4. Qual é o objetivo do experimento apresentado?

____

5. Quais são os materiais necessários para a realização do experimento?

____

____

6. Por que aparece no texto a quantidade exata de materiais a serem utilizados?

____

____

7. No **procedimento**, as indicações (molhe, coloque etc.) aparecem na forma imperativa. Por que isso acontece?

____

____

VAMOS ENTENDER!

1. Leia as palavras a seguir em voz alta.

cruel amoroso forte simpático triste
alegre cansado inteligente mau

a) Qual é a função dessas palavras?

☐ Nomear alguém.

☐ Atribuir uma ou mais características a alguém.

b) Como se chama a classe de palavras responsável por atribuir características a alguém?

☐ Substantivo. ☐ Adjetivo. ☐ Advérbio.

c) Escreva as palavras **amoroso**, **simpático**, **cansado** e **mau** no feminino.

____

____

Todas as palavras do quadro são chamadas de **adjetivo**, pois têm a função de atribuir uma ou mais características ao substantivo. É uma classe de palavras variável e possui, entre outras classificações, as indicadas a seguir.

Uniforme: apresenta a mesma forma tanto para o gênero feminino quanto para o gênero masculino.
Exemplo: A menina **feliz**./O menino **feliz**.

Biforme: apresenta uma forma para o gênero feminino e outra para o gênero masculino. Exemplo: O menino **alto**./A menina **alta**.
Primitivo: não é formado com base em outras palavras. Exemplos: bom; triste.
Derivado: é formado com base em outras palavras. Exemplos: bondoso (formado com base em **bom**); tristonho (formado com base em **triste**).

2. Leia as frases a seguir e indique os adjetivos presentes nelas.

a) Esta casa é bonita e espaçosa.

____

b) Pedro é inteligente e responsável.

____

c) Meu cachorrinho é muito carinhoso e amável.

____

d) O vilão do filme era assustador.

____

e) A praia está deserta e ensolarada.

____

f) Ricardo é alto, magro, gentil e estudioso.

____

3. Classifique os adjetivos a seguir em **uniformes** ou **biformes**.

a) alto ______________
b) triste ______________
c) responsável ______________
d) atencioso ______________
e) competente ______________
f) doce ______________
g) amoroso ______________
h) feroz ______________
i) honesto ______________
j) bonito ______________

4. Classifique os adjetivos a seguir em **primitivos** ou **derivados**.

a) feliz ____________________

b) tristonho ____________________

c) infeliz ____________________

d) forte ____________________

e) bondoso ____________________

f) bom ____________________

g) infiel ____________________

h) triste ____________________

i) azul ____________________

j) azulado ____________________

5. Separe as palavras abaixo em **substantivos** e **adjetivos**.

rua baixo feliz fruta sonhador
sorridente casa alegre carro mesa

Substantivos	Adjetivos
____________________	____________________
____________________	____________________
____________________	____________________
____________________	____________________
____________________	____________________

6. Marque com um **X** o adjetivo mais apropriado para cada frase.

a) Pedro não alcançou a fruta porque a árvore era ★ ★ ★ ★.

☐ alta ☐ baixa

b) Maria é muito ★ ★ ★ ★. Sempre chega cedo à escola.

☐ responsável ☐ irresponsável

c) João é um ★ ★ ★ ★ jogador. Não consegue fazer um gol.

☐ bom ☐ mau

d) O passeio foi muito ★ ★ ★ ★, pois nos divertimos o dia todo.

☐ bom ☐ mau

7. Reorganize as palavras e forme frases.

a) deliciosa / fruta / é / Maçã / uma

____

b) carinhoso / é / muito / cãozinho / O

____

c) casa / bonita / Esta / é

____

d) inteligente / muito / é / Mônica

____

8. Elabore frases usando os pares de substantivos e adjetivos a seguir.

a) casa / pequena

____

b) carro / novo

____

c) estudante / inteligente

____

d) sofá / confortável

____

e) lua / bela

____

Alguns adjetivos podem confundir e provocar erros de ortografia, a exemplo de **mau**. Algumas vezes, podemos trocar **mau** por **mal**, porém terá outro significado e classe gramatical diferente.

Veja algumas regras importantes para o uso das palavras **mau** e **mal** em língua portuguesa:

- A palavra **mau** é um adjetivo usado para atribuir uma característica negativa a um substantivo. O contrário de **mau** é **bom**.
- Já a palavra **mal** pode ser um substantivo, um advérbio ou uma conjunção. Ela é usada para indicar que algo não está bem-feito ou para se referir a problemas ou doenças. O contrário de **mal** é **bem**.

9. Complete as frases a seguir com **mal** ou **mau**.

a) Desobedecer aos pais é um __________ exemplo.

b) Estou me sentindo __________. Vou ao hospital.

c) Pedro é um __________ colega de trabalho. Não gosta de compartilhar conhecimentos.

d) Não devemos falar __________ das pessoas.

e) Fui muito __________ na prova de Língua Portuguesa.

f) O chefe de João está quase sempre de __________ humor.

10. Preencha as lacunas com as palavras adequadas do quadro.

mau	mal	bom	bem	bons	boa	boas

a) Comer muitos doces faz __________ à saúde.

b) Este suco de melancia está muito __________.

c) Na história da Chapeuzinho Vermelho, o vilão é o lobo ______.

d) Ana tirou nota 10 na prova de Português. Ela é uma aluna muito ______________.

e) Os animais são ______________ companheiros.

f) Sua voz é linda. Você canta ______________.

g) Adoro as aulas de Geografia e Ciências. São duas disciplinas muito ______________.

11. Assinale a alternativa correta para cada item.

a) O aluno foi ★ ★ ★ ★ na prova de Matemática.

☐ mau ☐ mal

b) Não estou ouvindo você ★ ★ ★ ★. Pode falar mais alto?

☐ bem ☐ bom

c) Nas histórias, o personagem ★ ★ ★ ★ é chamado de vilão.

☐ mau ☐ mal

d) Ler com frequência é um ★ ★ ★ ★ hábito.

☐ bem ☐ bom

e) Henrique foi muito ★ ★ ★ ★ comigo ontem.

☐ mau ☐ mal

f) Na história de Chapeuzinho Vermelho, o lobo é ★ ★ ★ ★.

☐ mau ☐ mal

g) Desejo tudo de ★ ★ ★ ★ a você.

☐ bem ☐ bom

VAMOS ESCREVER!

- Reorganize o texto instrucional a seguir, observando a mesma estrutura e a mesma sequência do texto da seção **Vamos conversar!**

Vulcão em erupção

Resultado

Representação de um vulcão em erupção.

Ingredientes

- massinha de modelar
- garrafa PET
- água morna
- 2 colheres de sopa de bicarbonato de sódio
- 6 gotas de detergente
- corante vermelho (opcional)
- vinagre

Objetivo

Produzir um vulcão em erupção.

Procedimento

4. Quando tudo estiver pronto, basta despejar um pouco de vinagre na boca do vulcão para que a "lava" comece a jorrar!
1. Corte o bico da garrafa PET.
3. Em volta da garrafa, faça um modelo cônico do vulcão.
2. Usando-a como base, encha até a metade com água morna e misture o detergente, o bicarbonato e o corante.

DIÁRIO DE BORDO

Nestas atividades, você aprendeu:

- o gênero texto instrucional e seus recursos discursivos e estilísticos;
- os adjetivos (conceituação e classificação).

SEQUÊNCIA 8

VAMOS CONVERSAR!

Leia o texto a seguir.

Pernambuco, 19 de agosto de 2021.

À direção da escola Construindo o Saber

Gostaria de pedir que fosse construído um espaço maior para os alunos ficarem no horário do intervalo, pois o pátio é pequeno para a quantidade de crianças que estudam na escola.

Semana passada, eu fui à escola levar meu filho e fiquei observando que há espaço suficiente para aumentar o pátio e tornar o recreio das crianças um momento mais confortável e divertido.

Agradeço a atenção e aguardo providências.

Atenciosamente.
Maria das Graças.

1. Pela estrutura do texto, você acabou de ler uma:

- ( ) reportagem.
- ( ) fábula.
- ( ) carta.
- ( ) notícia.

2. Qual é a função desse texto?

- [ ] Dar uma notícia.
- [ ] Fazer um convite.
- [ ] Contar uma história.
- [ ] Fazer uma reivindicação.

3. Para quem o texto foi escrito?

____

4. Por quem o texto foi escrito?

____

5. Qual reivindicação está sendo feita?

____

____

6. Quando o texto foi escrito?

____

VAMOS ENTENDER!

Vamos relembrar um elemento importante para a construção de frases: os **pronomes**.

Os **pronomes** são uma classe gramatical variável, responsáveis por relacionar o substantivo às pessoas do discurso. Podem ser classificados em:

Pessoais (do caso reto): indicam as pessoas do discurso. São eles: eu, tu, ele/ela, nós, vós, você/vocês, eles/elas. Exemplo: **Eu** sou estudante.

Possessivos: indicam posse entre um objeto e as pessoas do discurso. Alguns deles são: meu/minha, meus/minhas, teu/tua, teus/tuas, nosso/nossa, nossos/nossas, seu/sua, seus/suas. Exemplo: Este livro é **meu**.

Demonstrativos: indicam a posição de um ser ou objeto em relação à pessoa do discurso. São eles:

- **Este/esta**, **estes/estas**, **isto:** são usados para se referir a coisas ou pessoas próximas da 1ª pessoa do discurso (quem está falando) e para ações no tempo presente. Exemplos: **Estas** flores são lindas./**Este** é um dia especial.
- **Esse/essa**, **esses/essas**, **isso:** são usados para se referir a coisas ou pessoas próximas da 2ª pessoa do discurso (de quem se fala) e para ações no tempo passado ou em um futuro próximo. Exemplo: **Essa** sua bola é nova?
- **Aquele/aquela**, **aqueles/aquelas**, **aquilo:** são usados para se referir a coisas ou pessoas que estão longe da 1ª e da 2ª pessoa do discurso (quem fala e de quem se fala). Exemplo: **Aquela** casa da esquina é bonita.

1. Na carta de reclamação que você leu na seção **Vamos conversar!**, há algum pronome pessoal? Se sim, reescreva-o.

____

2. E há algum pronome possessivo? Se sim, qual?

____

3. Reescreva as frases a seguir substituindo as palavras em destaque pelo pronome pessoal adequado.

a) **Pedro** comprou um caderno novo.

____

b) **Eu e minha irmã** somos muito amigas.

____

c) **As crianças** adoram brincar.

____

d) **Meus amigos** são muito inteligentes.

____

e) **A cadeira** está quebrada.

____

f) **Marta e Rita** são gêmeas.

____

4. Complete as frases com os pronomes pessoais do quadro.

Eu	nós	Ele	ela	Eles	Elas

a) Ontem, ____________ fomos ao circo.

b) Adriana estava cansada, por isso ____________ acordou tarde.

c) ____________ gosto de comer salada no almoço.

d) Pedro tirou nota dez. ____________ é muito esforçado.

e) Não coma essas frutas. ____________ estão estragadas.

f) Os meninos ganharam o jogo. ____________ jogaram muito bem.

5. Marque um **X** nas frases em que o pronome destacado está sendo usado corretamente.

- [ ] Beatriz foi ao cinema. **Eu** assistiu ao filme do Homem--Aranha.
- [ ] Eu gosto muito do João. **Ele** é um bom amigo!
- [ ] Meus pais viajaram hoje. **Vós** foram ao Rio de Janeiro.
- [ ] O abacate que comi cheirava mal. **Ele** estava estragado.
- [ ] Ana e Felipe chegaram em casa hoje. **Eles** estavam fora.

6. Reescreva as frases a seguir substituindo as palavras repetidas em destaque pelo pronome pessoal adequado.

a) Meu **computador** não está funcionando hoje. A tela do **computador** sempre desliga!

____

____

b) O **relógio** do **meu pa**i é banhado a ouro. **Meu pai** cuida bastante do **relógio**.

____

____

c) **Ana e Rebeca** estão sempre felizes! **Ana e Rebeca** são ótimas amigas.

____

____

d) Minha **bicicleta** é bonita. Minha **bicicleta** é verde.

____

____

e) **Eu e Fernando** fomos estudar na biblioteca. **Eu e Fernando** pegamos alguns livros emprestados.

____

____

f) Eu adoro comer **cachorro-quente**. O **cachorro-quente** precisa ter mostarda, purê de batata e muito *ketchup*.

____

____

7. Leia o diálogo a seguir entre Ana e Lis e, em seguida, faça o que se pede.

– Olá, Ana, tudo bem com você?

– Oi, Lis. Tudo bem.

– Ana, para onde você vai hoje à tarde?

– Vou ao centro da cidade.

– Você vai com quem?

– Vou com minha avó. Vamos comprar meu material escolar.

– Que bom! Já escolheu o modelo da mochila?

– Sim. Quero igual à sua. Também quero o caderno igual ao seu.

– Que legal! Nossos materiais serão iguais!

FOXYIMAGE/SHUTTERSTOCK

a) Marque um **X** nos pronomes que aparecem no diálogo entre as duas meninas.

☐ Pronomes pessoais.

☐ Pronomes demonstrativos.

☐ Pronomes possessivos.

b) Qual é o pronome pessoal presente no diálogo?

____

c) Em "Vou ao centro da cidade", qual pronome pessoal está implícito (escondido) na frase?

____

d) Quais são os pronomes possessivos presentes no diálogo?

____

8. Observe os pronomes pessoais destacados nas frases e complete-as com o pronome possessivo adequado.

nossas	seu	minhas	meus	dele

a) As flores que **eu** ganhei são ______________________.

b) O perfume que **você** comprou é ____________________.

c) As frutas que **nós** compramos são __________________.

d) O caderno que **ele** ganhou é ______________________.

e) Os livros que **eu** comprei são ______________________.

9. Leia a mensagem instantânea que Ana enviou a Gabriel e, em seguida, faça o que se pede.

RIMM_ART/SHUTTERSTOCK

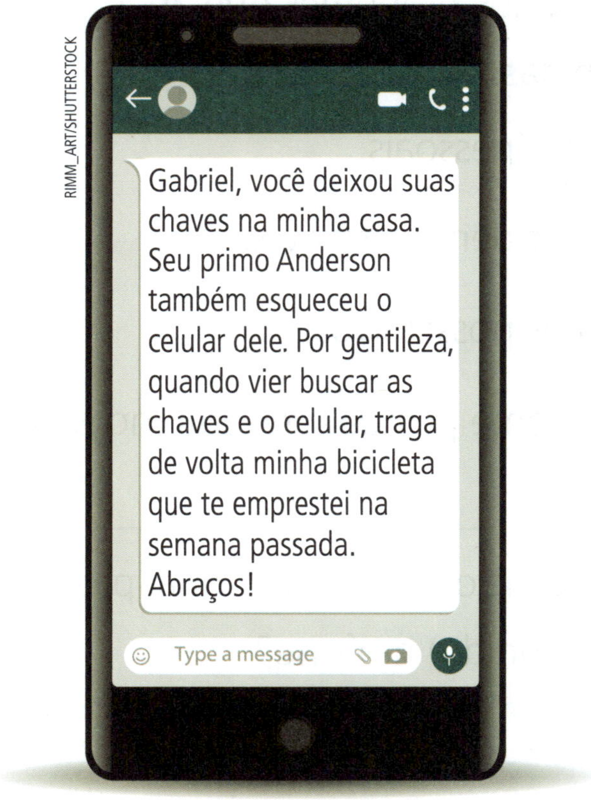

a) Circule, no texto, os pronomes possessivos.

b) Leia novamente a mensagem e escreva o nome dos donos dos seguintes objetos:

VLADWEL/SHUTTERSTOCK

____

ARJUNA GIHAN/SHUTTERSTOCK

____

ARTMALIVANOV/SHUTTERSTOCK

____

c) Como você descobriu quem são os donos dos objetos?

____

d) Assinale **V** para as alternativas verdadeiras e **F** para as falsas.

☐ Gabriel e Anderson visitaram a casa de Ana.

☐ Gabriel e Anderson são primos.

☐ Gabriel esqueceu o celular na casa de Ana.

☐ Anderson emprestou sua bicicleta a Ana.

☐ Gabriel esqueceu as chaves na casa de Ana.

☐ Ana enviou mensagem a Anderson avisando sobre as chaves.

☐ Ana emprestou a bicicleta a Anderson.

10. Sublinhe os pronomes demonstrativos das frases a seguir.

a) Aquele carro é azul.

b) Estes são os meus materiais escolares.

c) Já vi esse filme várias vezes.

d) Aquilo é um inseto?

e) Vou comer estas duas frutas.

11. Complete as frases com o pronome demonstrativo adequado.

a) ________________ aqui é minha casa.

b) De quem é ________________ caneta que está na sua mesa?

c) ________________ é o meu livro preferido.

d) ________________ bola que está na rua é sua?

e) ________________ semana está sendo muito cansativa.

12. Preencha os quadrinhos com o número correspondente à classificação do pronome em destaque.

I. pronome demonstrativo

II. pronome pessoal

III. pronome possessivo

☐ **Minha** irmã vai completar 17 anos.

☐ Minha escola é **aquela**.

☐ Minha família é **esta**.

☐ **Meus** avós moram na fazenda. E os **seus**?

☐ **Eu** gosto de frutas cítricas.

☐ Pedro e João dormiram até tarde, por isso **eles** chegaram atrasados na aula.

13. Sublinhe os substantivos aos quais os pronomes demonstrativos se referem nas frases. Veja o modelo.

a) Onde estão **aqueles** livros de Geografia?

b) Você quer ler **este** livro que está comigo?

c) Você pode me emprestar **essa** caneta que está com você?

d) **Aquele** ônibus estava lotado.

e) Que lugar lindo! **Esta** é a praia mais bela que já visitei.

14. Leia o parágrafo a seguir em voz alta. Em seguida, faça o que se pede.

> Esta é a minha **cidade**. Ela tem um pouco mais de dez mil **habitantes**. É uma cidade **pequena**. Aqui, quase todo mundo se conhece. As **pessoas** passam pelas **ruas** e cumprimentam umas às outras. Aquela **praça** do outro lado da rua é o lugar onde brincamos depois da aula, eu e meus colegas de sala. O nome dela é **Vale das Flores**. Minha cidade é muito **bonita** e **tranquila**. E a sua cidade, como é?

a) Quais pronomes pessoais aparecem no texto?

____

b) Quais pronomes possessivos aparecem no texto?

____

c) Quais pronomes demonstrativos aparecem no texto?

____

d) Qual numeral aparece no texto?

____

VAMOS ESCREVER!

1. Releia a carta de reclamação da seção **Vamos conversar!**, observe sua estrutura e produza, no caderno, uma carta de reclamação, seguindo essas orientações:

- imagine que, na sua escola, não há rampas de acesso para pessoas com deficiência física ou cadeirantes;
- escreva uma carta endereçada à direção da escola reclamando dessa falta e solicite a construção de uma rampa nas entradas do colégio e dos banheiros;
- agradeça a atenção;
- escreva seu nome.

2. Na carta de reclamação que você acabou de produzir, há pronomes pessoais, possessivos ou demonstrativos? Se sim, reescreva-os no espaço a seguir e classifique-os.

____

____

____

DIÁRIO DE BORDO

Nestas atividades, você aprendeu:

- o gênero carta de reclamação e seus recursos discursivos e estilísticos;
- os pronomes (pessoais do caso reto, possessivos e demonstrativos).

SEQUÊNCIA 9

VAMOS CONVERSAR!

Leia o texto a seguir.

Combinados da turma A

1. Respeitar os colegas, os professores e os funcionários da escola.
2. Trazer os materiais escolares e cuidar deles.
3. Não chegar atrasado à aula.
4. Esperar a vez de falar.
5. Ouvir respeitosamente os colegas.
6. Dizer, sempre que necessário, “por favor”, “com licença” e “obrigado(a)”.
7. Jogar o lixo no local apropriado.
8. Não comer em sala de aula.
9. Evitar distrações e conversas durante as aulas.
10. Auxiliar os colegas sempre que solicitado.

1. Qual é o objetivo do texto que você acabou de ler?

___

2. As regras foram estabelecidas para qual ambiente?

___

3. Como as regras estão organizadas?

___

4. Marque o item que **não** corresponde ao objetivo dos combinados em sala de aula.

- [ ] Esperar a vez de falar.
- [ ] Dizer "por favor", "com licença" e "obrigado (a)".
- [ ] Jogar o lixo no pátio.

5. Marque os itens cujas regras dizem respeito à convivência entre as pessoas, não a objetos.

- [ ] Respeitar os colegas, os professores e os funcionários da escola.
- [ ] Trazer os materiais escolares e cuidar deles.
- [ ] Dizer "por favor", "com licença" e "obrigado(a)".
- [ ] Auxiliar os colegas sempre que solicitado.

6. Além do ambiente escolar, em quais outros lugares precisamos obedecer às regras?

___

___

___

VAMOS ENTENDER!

1. Observe as palavras retiradas do texto **Combinados da turma A** e faça o que se pede.

respeitar	trazer	cuidar	chegar	esperar	
ouvir	dizer	jogar	comer	evitar	auxiliar

a) O que as palavras do quadro têm em comum?

____

____

b) No texto **Combinados da turma A**, essas palavras foram usadas para indicar:

☐ convites. ☐ ações.

☐ negações. ☐ permissões.

c) Escreva as palavras do quadro de acordo com as terminações **ar**, **er**, **ir**.

____

____

____

____

____

As palavras do quadro da atividade anterior são chamadas de **verbos**. Observe algumas informações importantes sobre o que é e como se caracteriza essa classe gramatical.

Verbo é uma palavra usada para indicar **ação** (andar, correr, brincar, comer), **estado** (ser, estar, ficar, continuar) ou **fenômeno natural** (chover, trovejar, relampejar). É uma classe de palavras variável, que pode se flexionar em:

- **Pessoa**: 1ª, 2ª ou 3ª. Exemplo: Eu canto/Ela canta/Eles cantam.
- **Número**: singular ou plural. Exemplo: Eu canto/Nós cantamos.
- **Tempo**: presente, passado ou futuro. Exemplo: Eu canto/Eu cantei/Eu cantarei.

Além disso, os verbos podem ser classificados de acordo com a terminação, quando estão no infinitivo (sem conjugação). Assim, verbos terminados em **ar** fazem parte da 1ª conjugação; os terminados em **er**, da 2ª conjugação; e os terminados em **ir**, da 3ª conjugação.

2. Observe o grupo de palavras do quadro e responda às questões.

casa	Nair	rosa	vender	estudar	ônibus
andar	copo	cadeira	comprar	sorrir	viajar
livro	dormir	correr	água	levantar	caráter

a) Quais palavras são verbos?

____

____

b) Como são chamadas as outras palavras do quadro?

☐ Artigos. ☐ Numerais.

☐ Pronomes. ☐ Substantivos.

c) Quais verbos fazem parte da 1ª conjugação?

____

d) Quais verbos fazem parte da 2ª conjugação?

____

e) Quais verbos fazem parte da 3ª conjugação?

____

3. Sublinhe com lápis de cor vermelho os verbos das frases a seguir.

a) Eu estudo todos os dias.

b) Meu irmão trabalha durante o dia e estuda à noite.

c) Ontem fomos ao supermercado comprar alimentos.

d) Não entre agora! Estou limpando o chão.

e) Carlos estava cansado, pois jogou futebol a tarde inteira.

4. Classifique os verbos destacados de acordo com suas indicações.

I. ação **II.** estado **III.** fenômeno da natureza

☐ O carro **está** parado.

☐ A mulher **comprou** flores.

☐ **Choveu** muito ontem à noite.

☐ Entre! Começou a **relampejar**.

☐ O atleta **corre** todos os dias.

5. Complete as lacunas com os pronomes adequados:
Eu – Ele/Ela – Nós – Eles/Elas.

a) ____________ estudo.

b) ____________ jogam.

c) ____________ brincamos.

d) ____________ vive.

e) ____________ dança.

f) ____________ cantamos.

g) ______________ ensinam.

h) ______________ caminho.

i) ______________ dormimos.

j) ______________ viaja.

6. Elabore frases com os verbos a seguir.

a) Estudar ______________________________

b) Gostar ______________________________

c) Morar ______________________________

d) Comprar ______________________________

Os verbos podem ser flexionados em três tempos verbais diferentes.

- **Presente:** indica fatos ou ações ocorridos no momento atual ou coisas permanentes. Exemplos: eu estudo; ela trabalha.
- **Passado (pretérito):** indica fatos ou ações que já aconteceram. Exemplos: eu dormi; elas estudaram.
- **Futuro:** indica fatos ou ações que ainda vão acontecer. Exemplos: eu viajarei; eles estudarão.

7. Classifique os verbos destacados em presente, passado ou futuro.

a) Pedro **ganhou** uma bicicleta.

☐ Presente. ☐ Passado. ☐ Futuro.

b) Maria **mora** na minha rua.

☐ Presente. ☐ Passado. ☐ Futuro.

c) João **viajará** para a fazenda na próxima semana.

☐ Presente. ☐ Passado. ☐ Futuro.

d) Ana **acordou** cedo para ir à escola.

☐ Presente. ☐ Passado. ☐ Futuro.

e) Lis e Paulo **estudam** na mesma escola.

☐ Presente. ☐ Passado. ☐ Futuro.

f) Paulo e Ricardo **irão** ao cinema juntos.

☐ Presente. ☐ Passado. ☐ Futuro.

8. Reescreva as frases conjugando os verbos no passado.

a) Eu estudo Matemática.

____

b) Ana acorda cedo.

____

c) Pedro bebe muita água.

____

d) Rogério dança muito bem.

____

e) Ela vende sapatos na loja.

____

9. Reescreva as frases conjugando os verbos no futuro.

a) Eu comprei dois livros novos.

____

b) Nós viajamos para a praia.

____

c) As crianças acordaram cedo.

____

d) Ela comeu todo o lanche.

____

e) Ricardo é médico.

____

10. Circule os verbos presentes no diálogo a seguir.

Alice: – Oi, Gabi!
Gabi: – Oi, Alice!
Alice: – Você já fez a atividade de Ciências?
Gabi: – Ainda não. Você fez?
Alice: – Fiz, sim. Terminei ontem.
Gabi: – Nossa, que bom! Você achou difícil?
Alice: – Não, não. Estava muito fácil. Você quer que eu te ajude?
Gabi: – Quero, sim! Vou a sua casa amanhã à tarde.
Alice: – Amanhã à tarde eu estarei no dentista. À noite você pode?
Gabi: – Sim, está perfeito! Até amanhã, Alice.
Alice: – Até amanhã, Gabi.

Os verbos também podem apresentar três formas nominais e três modos verbais diferentes.

As formas nominais dos verbos são:

- **Infinitivo:** expressa a ação, o estado ou o fenômeno em si, ou seja, o verbo sem conjugação. Exemplos: andar, correr, pular, estudar.
- **Gerúndio:** indica uma ação em progresso, não concluída. A terminação dos verbos no gerúndio é **-ndo**. Exemplos: andando, correndo, pulando, estudando.
- **Particípio:** expressa o resultado da ação. Para os verbos regulares, as terminações são **-ado** ou **-ido**. Exemplos: acabado, preferido.

Já os modos verbais são:

- **Modo indicativo:** expressa certeza, fatos ou ações habituais. Exemplos: Eu estudo de manhã. / Eu li um livro de fábulas. / João será um profissional de sucesso.

- **Modo subjuntivo:** expressa desejo ou possibilidade. Exemplos: Se fizer sol, iremos à praia. / Se eu tivesse um carro, levaria você para casa.
- **Modo imperativo:** expressa pedido ou ordem. Exemplos: Entre, pois está chovendo! / Não saia agora, é perigoso!

11. Classifique os verbos em destaque de acordo com suas formas nominais.

I. infinitivo **II.** gerúndio **III.** particípio

- ☐ Se Pedro tivesse se comportado, não teria **levado** bronca.
- ☐ Amanhã vamos **viajar** para a casa de nossos avós.
- ☐ Você precisa **estudar** mais!
- ☐ Quando chegamos, já tinham **cortado** o bolo de aniversário.
- ☐ O cãozinho veio **correndo** em minha direção.
- ☐ Enquanto as crianças estavam **dormindo**, consegui terminar as atividades domésticas.

12. Complete as frases com a forma correta do verbo entre parênteses.

a) Seu presente de aniversário foi ____________________ ontem. (comprar – particípio)

b) Você parece estar doente. É melhor ____________________ um médico. (procurar – infinitivo)

c) Você tem certeza de que está ____________________ ao exercício corretamente? (responder – gerúndio)

d) Precisamos aprender a importância de ____________________ uns aos outros. (ajudar – infinitivo)

e) Quando João chegou ao ponto, o ônibus já havia ____________________ embora. (ir – particípio)

13. Na frase: "Eu **costumo acordar** às 7 horas da manhã", os verbos em destaque estão, respectivamente, no:

☐ modo indicativo e infinitivo.

☐ modo subjuntivo e infinitivo.

☐ modo imperativo e gerúndio.

14. Marque **certeza**, **incerteza** ou **pedido** o sentido dos verbos destacados nas frases.

a) Meus pais **trabalham** na mesma empresa.

☐ certeza ☐ incerteza ☐ pedido

b) Se você **for** ao supermercado, não se esqueça de nos avisar.

☐ certeza ☐ incerteza ☐ pedido

c) **Apague** a luz ao sair do quarto, por favor.

☐ certeza ☐ incerteza ☐ pedido

15. Leia a tirinha e faça o que se pede.

GONSALES, Fernando. *Nem tudo que balança cai*. São Paulo: Devir, 2003. p. 16.

a) Quais são os verbos presentes na tirinha?

____

____

____

b) Os verbos dos dois primeiros quadrinhos estão em qual modo: indicativo, subjuntivo ou imperativo? Justifique sua resposta.

____

____

c) No último quadrinho, o verbo **adoram** expressa uma certeza. Com base nessa afirmação, podemos dizer que ele está conjugado em qual modo?

☐ Indicativo. ☐ Subjuntivo. ☐ Imperativo.

16. Passe as frases do modo indicativo para o modo imperativo fazendo os ajustes necessários. Veja o modelo.

a) Maria cuida das crianças.

Maria, cuide das crianças!

b) Pedro lava a louça do almoço.

____

c) Clarice estuda todos os dias.

____

d) Letícia não dorme tarde.

____

17. Elabore frases com os verbos no modo indicado entre parênteses.

a) cantar (modo indicativo).

____

b) estudar (modo imperativo).

____

c) viajar (modo subjuntivo).

____

VAMOS ESCREVER!

1. Leia novamente as regras de convivência da seção **Vamos conversar!** Imagine que seus pais e/ou responsáveis pediram sua ajuda para montar algumas **regras de convivência** para o dia a dia em sua casa. Escreva as regras que você considera importantes para uma convivência harmônica, por exemplo: horários para acordar e dormir, para assistir à televisão, para as refeições, divisão de tarefas, entre outras. Não se esqueça de iniciar cada regra com um **verbo**.

____

____

____

____

____

____

____

____

____

____

____

DIÁRIO DE BORDO

Nestas atividades, você aprendeu:

- o gênero textual regras e regulamentos e seus recursos discursivos e estilísticos;
- o verbo – conceituação, formas e tempos verbais.

SEQUÊNCIA 10

VAMOS CONVERSAR!

Leia os dois textos a seguir.

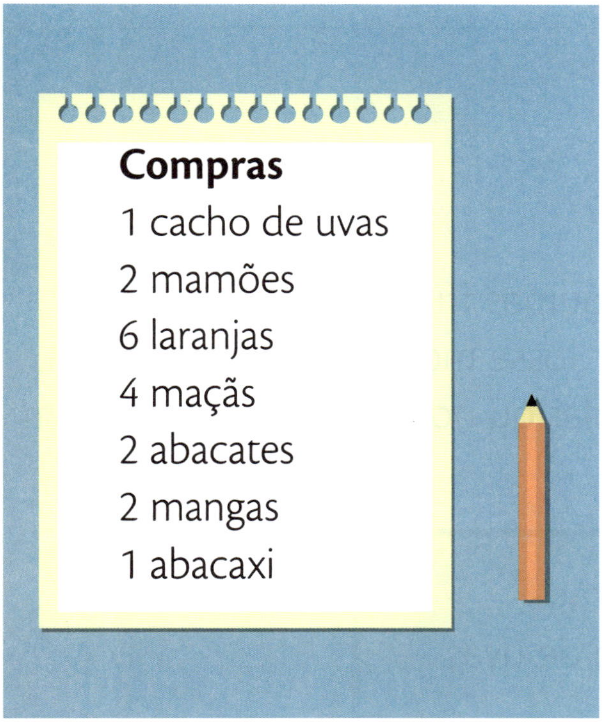

Compras
1 cacho de uvas
2 mamões
6 laranjas
4 maçãs
2 abacates
2 mangas
1 abacaxi

VALENTINA KALASHNIKOVA/SHUTTERSTOCK

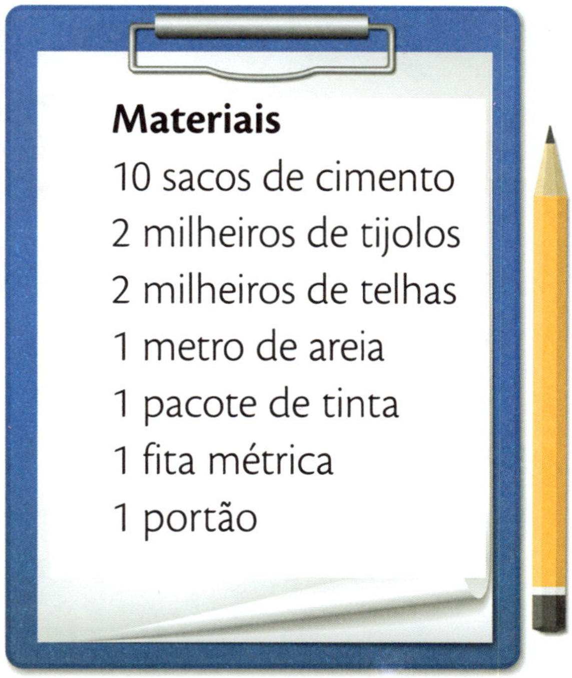

Materiais
10 sacos de cimento
2 milheiros de tijolos
2 milheiros de telhas
1 metro de areia
1 pacote de tinta
1 fita métrica
1 portão

ALEKSANDR BRYLIAEV/SHUTTERSTOCK

1. Os dois textos que você acabou de ler são classificados como:

- [ ] conto.
- [ ] lista.
- [ ] poema.
- [ ] notícia.

2. Qual é a finalidade desses tipos de texto?

- [ ] Divertir o leitor.
- [ ] Contar uma história.
- [ ] Dar uma notícia.
- [ ] Organizar informações.

3. A quantidade de frutas e materiais está descrita por:

- [ ] artigos.
- [ ] pronomes.
- [ ] numerais.
- [ ] substantivos.

4. Além das duas listas apresentadas, que outras atividades ou produtos podem ser organizados em lista?

____

____

VAMOS ENTENDER!

1. Imagine que a quantidade de algumas frutas da lista de compras que você acabou de ler fosse modificada. Complete-a, flexionando as palavras no singular ou no plural, de acordo com o numeral indicado.

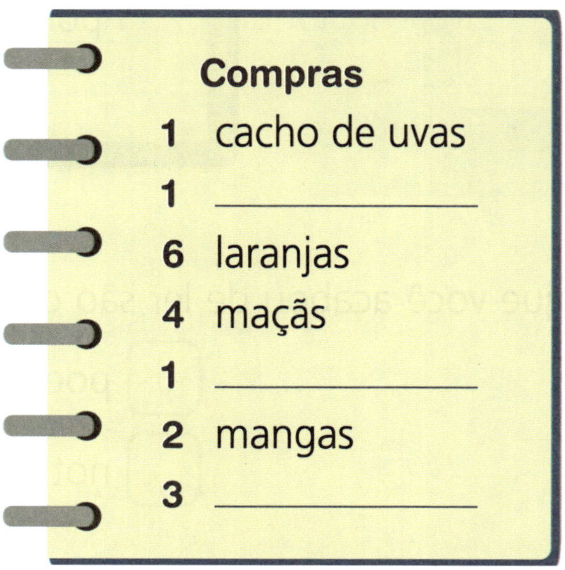

KHOSRO/SHUTTERSTOCK

A atividade que você acabou de realizar é um exemplo de concordância nominal. Veja algumas informações importantes sobre como se caracteriza essa concordância.

Concordância nominal é a relação que se estabelece entre os nomes (substantivos) e as palavras que os modificam (adjetivos, artigos, pronomes e numerais). Pode ser feita em gênero e número.

Exemplo 1: Que frut**a** delicios**a**! (singular) / Que fruta**s** deliciosa**s**! (plural)

Exemplo 2: El**a** é bonit**a**. (singular/feminino) / El**e** é bonit**o**. (singular/masculino)

Exemplo 3: **Uma** banana e **uma** maçã. (singular) / **Duas** bananas e **duas** maçãs. (plural)

2. Reescreva as frases passando para o plural as expressões destacadas. Faça a concordância nominal adequada.

a) Gabriela comprou **roupa nova** ontem.

____

____

b) Ganhei **esta bela flor** de presente.

____

____

c) Letícia comprou **caderno e caneta para a aula de Português**.

____

____

d) No circo havia **palhaço e trapezista**.

____

____

e) Pedro não gosta de ficar em **local movimentado.**

____

____

3. Complete as frases com as palavras entre parênteses, fazendo as adequações necessárias.

a) Esta obra de arte é muito ____________________ . (bonito)

b) Meus materiais escolares são ____________________ . (novo)

c) As ____________________ estavam estragadas. (fruta)

d) Esses ____________________ são seus? (livro)

e) As ____________________ estão murchas. (flor)

4. Leia o parágrafo a seguir e faça o que se pede.

O passeio para a **fazenda** foi muito legal! **Meus avós** moram lá. No **primeiro** dia, **meu** avô me mostrou os **animais**. Vi muitas **vacas**, das mais variadas cores: **uma branca**, **oito pretas**, **cinco marrons** e **um** bezerro **branquinho**. Vi também os **cavalos**, as **galinhas** e os **patos**, mas o que mais me encantou foram os **porquinhos**. Como **eles** são **lindos**! Foi um fim de semana muito **divertido**.

a) Preencha o quadro com as palavras destacadas no texto, de acordo com sua classificação.

Adjetivo	Numeral	Pronome	Substantivo
________	________	________	________
________	________	________	________
________	________	________	________
________	________	________	________
________	________	________	________
________	________	________	________
________	________		________
________	________		________

b) A palavra pretas está concordando com:

- ☐ branca.
- ☐ marrons.
- ☐ vacas.
- ☐ galinha.

c) A palavra **branquinho** está concordando com:

- ☐ vacas.
- ☐ bezerro.
- ☐ pretas.
- ☐ branca.

d) Na frase "**eles** são lindos", a palavra destacada se refere a:

- ☐ cavalos.
- ☐ patos.
- ☐ galinhas.
- ☐ porquinhos.

e) Reescreva a frase "Vi também os cavalos, as galinhas e os patos" no singular.

___

5. Reescreva as frases a seguir de acordo com as orientações dos parênteses. Observe o modelo.

a) O menino é muito inteligente. (feminino)

A menina é muito inteligente.

b) Esta professora é muito dedicada. (masculino)

___

___

c) Aquele homem de azul é alto. (feminino)

___

___

d) As frutas estão deliciosas. (singular)

___

___

e) Aquele carro é muito barulhento. (plural)

____

____

6. Reorganize as palavras e forme frases com sentido.

a) casa / Esta / nova / é.

____

b) dedicada / aluna / é / A.

____

c) crianças / traquinas / são / As.

____

d) calminho / é / gato / Este.

____

e) quebrada / cadeira / A / está.

____

7. Elabore frases com as palavras a seguir, fazendo a concordância correta.

a) história – divertida.

____

b) parede – suja.

____

c) escola – organizada.

____

d) suco – delicioso.

____

____

Agora, vamos conhecer outro tipo de concordância, a concordância verbal.

Concordância verbal é a relação que se estabelece entre o verbo e o sujeito de uma oração.

Exemplos: **Nós moramos** na cidade. / **Ele vive** no campo. / **Os meninos realizaram** a atividade.

A concordância verbal ocorre em número (singular e plural) e na pessoa do discurso (**1ª** – Eu/Nós; **2ª** – Tu/Vós; **3ª** – Ele/Ela; Eles/Elas).

8. Para cada oração, preencha com o verbo entre parênteses, fazendo a concordância verbal adequada.

a) Meu gatinho ______________ muito dorminhoco. (ser)

b) O lápis e a caneta ______________ na mochila. (estar)

c) Gatos e cachorros não ______________ amigos. (parecer)

d) O cantor ______________ atrasado para a apresentação. (chegar)

9. Complete as frases com a forma correta do verbo entre parênteses.

a) Pedro, Carlos e Thiago ______________ futebol depois da aula. (joga/jogam)

b) Nós ______________ cedo na festa de aniversário. (chegam/chegamos)

c) Márcia não ______________ terminar a atividade no tempo certo. (conseguiu/conseguiram)

d) Crianças, vocês não ______________ jogar bola na rua! (pode/podem)

e) Os livros didáticos já ______________ disponíveis na escola. (está/estão)

10. Leia o texto a seguir sobre a rotina de Pedro e preencha os espaços em branco com os verbos do quadro, fazendo as adaptações necessárias.

dormir	terminar	ter	trabalhar	ler	morar
adorar	começar	escrever	ver		

Meu nome é Pedro, ____________ 9 anos, ____________ em uma cidade do interior com meus pais e vou ____________ um pouquinho sobre a minha vida.

Tenho três irmãos, todos mais velhos que eu. Meu irmão mais velho é enfermeiro e ____________ em um hospital. Meus outros dois irmãos ainda não ____________ o Ensino Médio.

Eu ____________ jogar futebol, ____________ livros de aventuras e ____________ televisão. Geralmente eu ____________ antes das 21h, pois as aulas ____________ cedinho, às 7h.

11. Reescreva as orações a seguir no plural, estabelecendo corretamente a concordância entre o sujeito e o verbo.

a) O médico chegou cedo ao consultório.

____

____

b) Já são 21h, e a sorveteria está fechada.

____

____

c) Cuidado, esta cadeira está quebrada!

____

____

d) Meu irmão viajou e comprou presentes para todos nós.

____

____

e) Meu amigo não gosta de música alta.

____

____

12. Leia as orações a seguir e marque a alternativa correta sobre a concordância verbal.

I. A professora e os alunos **chegaram** na escola ao mesmo tempo.

II. Com a tempestade, as frutas **caíram** da árvore.

III. Você e eu **irei** para a festa de aniversário.

- [ ] I e II estão corretas.
- [ ] I e III estão corretas.
- [ ] II e III estão corretas.
- [ ] I, II e III estão corretas.

13. Elabore orações com os substantivos e verbos a seguir, fazendo a concordância verbal adequada.

a) Pedro e Ana – estudar.

____

b) O supermercado – fechar.

____

c) A criança – quebrar.

____

d) Banana e maçã – ser.

____

VAMOS ESCREVER!

1. Leia novamente as listas da seção **Vamos conversar!** Imagine que o ano letivo está começando, e seus pais e/ou responsáveis lhe pediram que elaborasse uma lista de materiais escolares necessários às aulas. Não se esqueça de incluir nela, além dos materiais, a quantidade de cada item.

Lista de materiais escolares

KHOSRO/SHUTTERSTOCK

DIÁRIO DE BORDO

Nestas atividades, você aprendeu:

- o gênero lista e seus recursos discursivos e estilísticos;
- as concordâncias nominal e verbal.

SEQUÊNCIA 11

VAMOS CONVERSAR!

Leia a entrevista a seguir.

Bráulio Bessa explica seu processo criativo

Programa da TV Brasil aborda o universo da sua produção textual

BRÁULIO BESSA

A literatura de cordel guia o bate-papo do poeta Bráulio Bessa com a jornalista Katy Navarro sobre esse gênero literário que o programa Trilha de Letras investiga. O autor também fala sobre seu processo criativo e destaca a reação do público ao ler seus textos.

[...]

[...] Para Bráulio Bessa, a literatura é transformadora e a poesia emociona ao tratar de sentimentos tão próprios do ser humano.

"Quando eu tive contato com a poesia percebi que um poeta de linguagem muito simples era capaz de falar do que há de mais complexo no mundo que é o sentimento humano, de amor, de saudade, de paixão e de perdão", enumera.

Ele aborda essa história em seu segundo livro "Poesia que transforma" [...]. Bráulio explica que esse título conta a sua história de vida ao resgatar a infância e a inspiração para se tornar um autor.

"Botei na cabeça que queria ser poeta e comecei a escrever. O mais bonito nisso foi sentir o poder transformador da literatura, da educação e da arte na minha vida. Percebi que era possível ser também um agente de transformação na vida de outras pessoas", recorda.

O convidado reforça esse potencial da poesia. "Se um livro de Patativa do Assaré nas mãos de um menino de 14 anos de idade que não tinha sonho nenhum fez com que ele quisesse ser poeta, virar escritor e um dia lançar um livro, isso é muito transformador", define.

[...]

Com sensibilidade, o autor destaca como a emoção que os seus textos despertam no público influencia em seu processo criativo. "A minha poesia fala de gente. Minha maior inspiração é o contato com as pessoas. Eu sou um 'prestador de atenção'. Fico vendo o que elas sentem, o que eu sinto, misturo e vira poesia".

[...]

BRÁULIO Bessa explica seu processo criativo. *EBC*, 12 ago. 2019. Disponível em: https://tvbrasil.ebc.com.br/braulio-bessa-explica-seu-processo-criativo. Acesso em: 25 jan. 2022.

1. No texto que você acabou de ler, quem é o entrevistado?

____

2. E quem é o(a) entrevistador(a)?

____

3. No texto, entrevistadora e entrevistado conversam sobre literatura e um gênero literário específico. Que gênero é esse?

☐ Conto. ☐ Cordel. ☐ Fábula.

4. Na entrevista, Bráulio Bessa cita um autor que foi inspiração para que ele começasse a escrever poesias. Que autor é esse?

____

5. No livro **Poesia que transforma**, Bráulio Bessa fala sobre o quê?

____

____

6. De acordo com Bráulio Bessa, qual é a inspiração para seu trabalho?

- [ ] A pesquisa acadêmica.
- [ ] O contato com as pessoas.
- [ ] O contato com a natureza.

VAMOS ENTENDER!

Vamos relembrar a função dos discursos direto e indireto nas narrativas.

O **discurso direto** é utilizado para reproduzir fielmente a fala de um personagem ou pessoa do discurso em uma narrativa. Nele, a fala do personagem é introduzida por **dois-pontos**, **aspas** ou **travessão**.

O **discurso indireto** é utilizado quando o narrador reproduz com as próprias palavras a fala de um personagem ou pessoa do discurso.

Os **verbos de elocução**, no discurso direto, aparecem antes ou depois da fala do personagem, por exemplo: **disse**, **falou**, **indagou**, **afirmou**, **respondeu**. No discurso indireto, esses verbos vêm acompanhado de conjunções, por exemplo, **que** ou **se**.

1. Como é possível identificar a fala de Bráulio Bessa na entrevista da seção anterior?

____

____

2. Reescreva um trecho da entrevista no qual foi utilizado o discurso direto.

____

____

____

3. Reescreva um trecho da entrevista no qual foi utilizado o discurso indireto.

____

____

____

4. Leia os dois trechos a seguir e responda às questões.

I. Bráulio explica que esse título conta a sua história de vida ao resgatar a infância e a inspiração para se tornar um autor.

II. "Botei na cabeça que queria ser poeta e comecei a escrever. O mais bonito nisso foi sentir o poder transformador da literatura, da educação e da arte na minha vida. Percebi que era possível ser também um agente de transformação na vida de outras pessoas", recorda.

a) Os dois trechos apresentam o mesmo tipo de discurso? Justifique.

____

____

b) Quais são os verbos de elocução presentes nos dois trechos da entrevista?

____

c) Para que servem os verbos de elocução nos trechos citados?

____

d) Os verbos de elocução presentes nos trechos podem ser trocados por quais outros verbos, sem perda de sentido da frase?

____

____

____

5. Marque, para as frases a seguir, **D** para discurso direto e **I** para discurso indireto.

- [ ] O vendedor garantiu que o produto era de qualidade.
- [ ] – Olá, tudo bem com você?
- [ ] "Preciso de ajuda. Não consigo carregar todos estes livros."
- [ ] O professou pediu à turma que fizesse silêncio.
- [ ] O médico pediu aos pacientes que o aguardassem na recepção.
- [ ] O professor solicitou:
  – Respondam às atividades da página 30 do livro de Português.

6. Assinale **V** para as alternativas verdadeiras e **F** para as falsas.

- [ ] Na frase "**Querido, gosto muito de você**", **disse João a Amanda**, o discurso é indireto.
- [ ] Na frase **João disse a Amanda que gostava muito dela**, o discurso é direto.
- [ ] Na frase **Minha avó afirmou que hoje o mundo é melhor**, o discurso é indireto.
- [ ] Na frase "**Hoje o mundo é melhor**", **respondeu minha vó**, o discurso é indireto.
- [ ] Na frase "**Aceito!**", **disse a noiva ao padre**, o discurso é direto.

7. Passe as frases a seguir do discurso direto para o indireto. Observe o modelo.

a) – Perdi meu caderno! – disse a garota.

A garota disse que havia perdido/perdera o caderno.

b) – A aula terminou! – falou a professora.

____

c) – Meu pé está machucado! – relatou Pedro.

____

d) – O dia está lindo! – suspirou Ana.

____

e) – Não gosto de suco de melancia! – protestou João.

____

8. Passe as frases a seguir do discurso indireto para o direto. Observe o modelo.

a) O homem pediu a Jonas que fechasse a porta.

– Feche a porta! – pediu o homem a Jonas.

b) A mãe de Pedro gritou que estava cansada.

____

c) O policial pediu às pessoas que fossem para a calçada.

____

d) A professora pediu a Letícia que lesse o texto.

____

e) Maria pediu ao filho que tomasse cuidado.

____

9. Leia o texto a seguir e faça o que se pede.

Durante a reunião para organizar a feira de profissões da escola, a diretora Ana pediu que fizéssemos silêncio para que ela pudesse explicar as funções de cada turma. Ela solicitou que todos os alunos se sentassem e disse:

– Todos deverão participar da feira de profissões, pois será um momento de muitos aprendizados. Cada turma representará uma profissão. Vai ser bacana!

Então, Pedro interrompeu:

– O 4º ano representará qual profissão, diretora?

Ana respondeu que o 4º ano representaria a profissão de professor, e que cada aluno deveria pesquisar informações importantes sobre ela. Em seguida, apresentou a profissão com que cada turma ficaria responsável e encerrou a reunião.

a) Sublinhe os verbos que você conseguiu identificar no texto. Em seguida, circule os sinais de pontuação **dois-pontos** e **travessão**.

b) As ações narradas no texto expressam acontecimentos:

☐ no presente. ☐ no passado. ☐ no futuro.

c) Os verbos presentes no texto expressam:

☐ certeza. ☐ incerteza. ☐ ordem.

d) Reescreva uma frase que apresente discurso direto.

___

___

___

e) Reescreva uma frase que apresente discurso indireto.

___

___

___

Nos discursos direto e indireto, a pontuação exerce importante função.

- **Ponto-final** (.) → marca o fim de uma frase declarativa; separa dois períodos; é utilizado em abreviaturas.
- **Ponto de interrogação** (**?**) → finaliza perguntas diretas.
- **Ponto de exclamação** (**!**) → usado depois de frases que expressam caráter emocional.
- **Dois-pontos** (**:**) → iniciam uma explicação antes de citações, assim como a fala de um personagem, antecedendo o travessão.
- **Travessão (—)** → marca a fala de um personagem em uma narrativa.

10. Pontue as frases com interrogação (**?**) ou exclamação (**!**).

a) Qual é a idade do seu irmão ___

b) Nossa ___ O que aconteceu com você ___

c) Você não conseguiu concluir a atividade ___ Que pena ___

d) Como o dia está lindo hoje ___

e) Professora, posso ir ao banheiro ___

11. Leia as frases a seguir e faça o que se pede.

a) Assinale um **X** nas alternativas em que a pontuação está sendo utilizada corretamente.

☐ Uau? Que maravilha de dia?

☐ Que pena! Não ganhei o sorteio.

☐ Quantos anos você tem?

☐ Você pode me fazer um favor.

☐ – Acho que amanhã vai chover – disse Amanda.

b) Corrija as frases em que a pontuação foi usada incorretamente.

____

____

12. Leia as frases a seguir e responda às questões.

I. Apenas três alunos ganharam brinde: Pedro, Júlia e Clara.
II. O homem ordenou, aborrecido: – Saia imediatamente daqui!
III. Como diz o ditado popular: "O mal com o bem se paga".
IV. Hoje o dia está muito quente.

a) Em qual(is) frase(s) foram usados os dois-pontos?

____

____

b) Em qual(is) frase(s) os dois-pontos estão indicando a fala de alguém?

____

____

c) Em qual(is) frase(s) os dois-pontos estão indicando uma explicação?

____

d) Qual é a função do travessão na frase **II**?

____

e) Qual é a função do ponto-final na frase **IV**?

____

f) Qual é a função do ponto de exclamação na frase **II**?

____

13. Preencha os quadrinhos com os pontos de exclamação, interrogação, final, dois-pontos e travessão, de acordo com seu uso.

- [ ] Pode ser utilizado para fazer uma pergunta.
- [ ] Pode ser utilizado para encerrar um período.
- [ ] Pode ser utilizado para iniciar uma explicação ou um comunicado.
- [ ] Pode ser utilizado para iniciar uma fala.
- [ ] Pode ser utilizado para demonstrar sensações.

14. Marque um **X** na frase em que o ponto de exclamação foi utilizado para expressar um pedido ou uma ordem.

- [ ] Apague a luz, por favor!
- [ ] Que pena!
- [ ] Como o mar está lindo hoje!

15. Reordene as palavras a seguir e forme frases com sentido, utilizando a pontuação adequada. Em seguida, circule o item da única frase que apresenta discurso direto.

a) mãe / fez / Minha / de abacaxi / suco

____

b) você / Por que / triste / tão / está

____

c) pediu / professora / A / silêncio / Façam

____

d) macarrão / fizeram / Mariana / jantar / e Pedro / para o.

____

16. Como você conseguiu identificar o discurso direto da frase da atividade anterior?

____

17. Indique nos quadrinhos a pontuação correta do texto a seguir.

Lucas e Gabriel ☐ dois melhores amigos ☐ estavam passeando e conversando sobre a rotina na escola ☐
Lucas perguntou a Gabriel ☐

☐ De que disciplina você mais gosta ☐

☐ Eu adoro Matemática ☐ E você ☐

☐ Eu prefiro Português e Educação Física ☐

☐ Nossa ☐ Não sabia que você gostava de Educação Física ☐ pois nunca o vi praticando exercícios ☐

VAMOS ESCREVER!

- Agora que você sabe organizar um texto em discurso direto e indireto e relembrou os sinais de pontuação e a função de cada um deles, crie, nas linhas da página a seguir, um diálogo entre Roni e sua mãe. O menino quer muito ir ao cinema, mas a mãe está hesitante. Utilize como base o trecho abaixo, em discurso indireto.

> Roni queria muito ir ao cinema com uns amigos, assistir ao filme *O Homem-Aranha*, mas a mãe não queria deixar. Para ela, isso só seria possível na companhia de um adulto.

BNP DESIGN STUDIO/SHUTTERSTOCK

DIÁRIO DE BORDO

Nestas atividades, você aprendeu:

- o gênero entrevista e seus recursos discursivos e estilísticos;
- os discursos direto e indireto;
- o uso do ponto-final, de interrogação, de exclamação, dos dois-pontos e do travessão.

SEQUÊNCIA 12

VAMOS CONVERSAR!

Leia a tirinha a seguir.

1. Qual é o objetivo da tirinha que você acabou de ler?

   - [ ] Informar.
   - [ ] Noticiar.
   - [ ] Divertir.
   - [ ] Convidar.

2. Que elementos compõem a tirinha?

   ____

   ____

3. No primeiro quadrinho, por que Calvin pede a Haroldo que fique parado?

   ____

   ____

4. Pela expressão de Haroldo no segundo quadrinho, o que aconteceu?

____

____

5. Por que Calvin ficou tão desapontado no terceiro quadrinho?

____

____

6. Como termina a tirinha?

____

____

7. Marque a alternativa **correta** sobre a tirinha.

- [ ] A tirinha é composta apenas de imagem.
- [ ] Os balões servem para enfeitar a tirinha.
- [ ] A tirinha apresenta linguagem verbal e não verbal.

VAMOS ENTENDER!

Vamos relembrar os usos e as funções da onomatopeia e das interjeições?

Onomatopeias são palavras que reproduzem um som ou um ruído na escrita. Seu uso é bastante comum nas HQs, em poesias e até em músicas. Exemplos:

- Gargalhada: hahahahaha/ kkkkkkkk
- Cachorro: au-au
- Gato: miau
- Relógio: tique-taque
- Tosse: cof! cof!
- Explosão: bum!

Interjeições são expressões usadas para exprimir diversas emoções dos seres humanos (alegria, tristeza, espanto, admiração etc.), uma sensação, uma ordem, um apelo, um chamado. Exemplos:

- Alegria: Oba! Viva!
- Surpresa: Meu Deus! Oh!
- Saudação: Olá! Oi!
- Interrogação: Quê? Hein?
- Concordância: OK! Claro! Ótimo! Sim!
- Advertência: Cuidado! Atenção!

1. Releia a tirinha da seção anterior. Em seguida, identifique e reescreva uma onomatopeia presente nela e o som que ela está reproduzindo.

____

____

2. Identifique e reescreva uma interjeição presente na tirinha e a emoção que ela está reproduzindo.

____

____

3. Leia as frases a seguir e indique o que as onomatopeias em destaque representam.

a) Na sala, era possível ouvir o barulho do quarto: **buááááá!**

☐ Choro.

☐ Riso.

☐ Gargalhada.

b) **Atchim! Atchim!** – fazia Maria, sem parar.

☐ Soluço. ☐ Tosse. ☐ Espirro.

c) **Toc! Toc! Toc!** – Ouvia-se insistentemente!

- [ ] Som de passos.
- [ ] Batidas na porta.
- [ ] Telefone tocando.

d) **Hehehehe!** Você é muito engraçado!

- [ ] Manha.
- [ ] Risada.
- [ ] Soluço.

e) **Din-don! Din-don! Din-don!** Tenha calma, estou indo!

- [ ] Som da campainha.
- [ ] Batidas na porta.
- [ ] Som de buzina.

4. Classifique as interjeições em destaque, de acordo com o que representam nas frases.

I. Espanto
II. Saudação
III. Advertência
IV. Desejo
V. Despedida
VI. Apelo
VII. Alegria
VIII. Agradecimento

- [ ] **Socorro!** Alguém pode me ajudar?
- [ ] **Pare!** Você não pode sair agora!
- [ ] **Muito obrigado!** – disse o rapaz.
- [ ] **Nossa!** Que filme assustador!
- [ ] Vai dar tudo certo! **Tomara!**
- [ ] **Oba!** Consegui passar no teste!
- [ ] **Alô!** É da farmácia?
- [ ] Terminamos por hoje. **Até amanhã!**

5. Marque as alternativas cujo sentido da interjeição está correto.

- [ ] Ufa! – alívio
- [ ] Desculpe-me! – despedida
- [ ] Quem me dera! – desejo
- [ ] Cuidado! – advertência
- [ ] Nossa! – dúvida
- [ ] Psiu! – silêncio

AOMMANEESRI/SHUTTERSTOCK

6. Em relação às onomatopeias, assinale **V** para verdadeiro e **F** para falso.

- [ ] **Bi-bi!** é uma onomatopeia que indica **buzina**.
- [ ] **Toc, toc!** é uma onomatopeia que indica **explosão**.
- [ ] **Adeus!** é uma onomatopeia que indica **despedida**.
- [ ] **Nhac!** é uma onomatopeia que indica **mordida**.
- [ ] **Atchim!** é uma onomatopeia que indica **espirro**.
- [ ] **Psiu!** é uma onomatopeia que indica **alegria**.

7. Em relação às interjeições, assinale **V** para verdadeiro e **F** para falso.

- [ ] **Adeus!** é uma interjeição que indica **despedida**.
- [ ] **Hum?!** é uma interjeição que indica **dúvida**.
- [ ] **Zzz!** é uma interjeição que indica **sono/dormir**.
- [ ] **Cof, cof!** é uma interjeição que indica **tosse**.
- [ ] **Perdão!** é uma interjeição que indica **desculpa**.
- [ ] **Tchau!** é uma interjeição que indica **medo**.

8. Leia o texto a seguir e responda oralmente às questões.

Toc! Toc! Toc!

– Tem alguém em casa? – gritou o homem que usava o uniforme de um *petshop*.

Toc! Toc! Toc!

– Alguém em casa? Encomenda em nome de Pedro Aguiar!

– Aff! Quem está me acordando a essa hora?

– Alguém em casa?

– Já estou indo! Calma!

– Tenho pressa, senhor!

O homem desceu as escadas correndo e abriu a porta.

– Não estou esperando nenhuma encomenda, senhor!

– Você é o Pedro Aguiar?

– Sou, sim!

Miau! Miau! Miau! Miau! Miau! Era o barulho ensurdecedor que saía de uma caixa marrom.

– Pediram-me que entregasse este presente ao senhor!

Miau! Miau! Miau! Miau!

– Não acredito que meu irmão mandou mais um gato para a minha casa!

– kkkkkkkkkkkkkkkk... O homem do *pet shop* não parava de rir.

a) Qual é o nome da pessoa que recebeu a encomenda?

b) Quem enviou a encomenda?

c) Quem entregou a encomenda?

d) O que era a encomenda? Como você chegou a essa conclusão?

e) Por que Pedro Aguiar disse **Aff!** quando o homem de uniforme bateu à sua porta?

f) Que onomatopeia representa a gargalhada do funcionário do *pet shop* diante da constatação de Pedro Aguiar de que o irmão enviara mais um gato à casa dele?

g) Qual onomatopeia do diálogo representa o som de batidas na porta?

h) O discurso presente no texto é direto ou indireto?

Além das onomatopeias e das interjeições, o uso da linguagem verbal e da linguagem não verbal é muito importante nos textos.

A **linguagem verbal** é expressa por meio da fala, das palavras, das frases e do texto, ou seja, é a linguagem verbalizada. Exemplos: cartas, jornais etc.

A **linguagem não verbal** utiliza recursos visuais, como gestos, imagens ou sons para efetivar a comunicação. Exemplo: placas de sinalização.

Além das linguagens verbal e não verbal, tem-se a **linguagem mista** ou **híbrida**, que é aquela que mistura elementos verbais e não verbais.

9. Observe a imagem e faça o que se pede.

VACCLAV/SHUTTERSTOCK

a) O que a imagem representa?

____

b) Que tipo de linguagem foi usada nesse texto?

____

c) Mesmo o texto não utilizando linguagem verbal, o que o condutor de um veículo deve fazer ao avistar o semáforo indicando luz vermelha?

____

10. Leia o texto a seguir e faça o que se pede.

BECK, Alexandre. *Armandinho Doze*. Florianópolis: Edição do Autor, 2019. p. 43.

a) O texto pertence a qual gênero textual?

____

b) Que tipo de linguagem foi usada no texto?

____

c) O que causa o efeito de humor da tirinha?

____

d) Qual foi o sentimento de Armandinho no último quadrinho? Como você chegou a essa conclusão?

____

____

11. Leia mais um texto e responda às questões.

COALA, Fábio. *Voar é preciso*. Disponível em: https://mentirinhas.com.br/mentirinhas-1192/. Acesso em: 27 jan. 2022.

a) A tirinha faz uso de qual tipo de linguagem para compor o texto?

____

____

b) As expressões do pássaro filhote apontam o que ele está sentindo? Justifique sua resposta.

____

____

c) Por que a mamãe pássaro insiste tanto para que o filhote voe?

____

d) Se o texto fosse construído apenas com a linguagem verbal, seria possível compreender a tirinha integralmente? Justifique sua resposta.

____

____

____

e) Que tipo de discurso é empregado na tirinha?

☐ Discurso direto. ☐ Discurso indireto.

f) Como é possível identificar a fala dos personagens na tirinha?

☐ Pelo uso do travessão.

☐ Pelos dois-pontos.

☐ Pelos balões de diálogo.

VAMOS ESCREVER!

- Crie um pequeno diálogo, em forma de tirinha, usando as onomatopeias e as interjeições a seguir.

Vrum!	Cuidado!	Pof!
Pow!	Ufa!	Eba!

Observações importantes

- As onomatopeias e as interjeições não precisam aparecer na mesma ordem acima, mas devem ser usadas em um contexto que tenham relação de sentido com o diálogo que será desenvolvido.

- Use desenhos e balões para representar os personagens e suas falas, ou seja, explore as linguagens verbal e não verbal.
- Utilize quadrinhos.

DIÁRIO DE BORDO

Nestas atividades, você aprendeu:

- as tirinhas e seus recursos discursivos e estilísticos;
- a onomatopeia e a interjeição;
- as linguagens verbal e não verbal.

SEQUÊNCIA 13

VAMOS CONVERSAR!

Leia a carta a seguir.

Rio de Janeiro, 20 de outubro de 2021.

Prezada Sra. Ana Aguiar,

Temos a satisfação de anunciar que resolvemos contratá-la em nossa escola de música, tendo em vista seu excelente desempenho em todas as etapas do processo seletivo.

As condições para atuação são:

ATRIBUIÇÕES – ficará sob sua responsabilidade as turmas de canto lírico, nos turnos manhã e tarde.

HORÁRIO – das 8 às 17 horas, com 1 hora para refeição.

REMUNERAÇÃO – Salário inicial: R$ 2.110 (dois mil cento e dez reais).

Aguardamos seu retorno a esta correspondência.

Atenciosamente,

Felipe Martins

Diretor da Escola de Música Canto Feliz

1. O texto que você leu é uma:

- [ ] carta de reclamação.
- [ ] carta formal.
- [ ] carta de desculpas.
- [ ] carta informal.

2. Para quem a carta foi escrita?

____

3. Quem escreveu a carta?

____

4. Qual é o assunto da carta?

____

____

5. De que forma o remetente se dirigiu à destinatária?

____

VAMOS ENTENDER!

Vamos relembrar o uso da das linguagens formal e informal e a importância das variações linguísticas nos contextos de comunicação.

A **linguagem formal**, também conhecida como linguagem culta, é aquela utilizada nas situações formais de comunicação e obedece aos preceitos da gramática normativa da língua portuguesa.

A **linguagem informal**, também conhecida como linguagem coloquial, é aquela utilizada nas situações cotidianas de fala, nas comunicações entre amigos, nas redes sociais, ou seja, é uma linguagem que não segue rigorosamente as regras da gramática normativa da língua portuguesa.

1. Marque um **X** nas situações em que o uso da linguagem formal é mais apropriado.

- ( ) Entrevista de emprego.
- ( ) Conversa entre amigos.
- ( ) Carta para o diretor da escola.
- ( ) Apresentação de trabalho.
- ( ) Publicações nas redes sociais.

2. Leia as frases a seguir e indique **F** para linguagem formal e **I** para linguagem informal.

- ( ) Poxa! Tô muito atrasada pro rolê.
- ( ) Traga-me as correspondências para que eu possa lê-las.
- ( ) Apague a luz, por gentileza.
- ( ) Vc já terminou o trampo?
- ( ) Não conseguimos chegar cedo à reunião.

3. Leia o texto a seguir.

BELLO

a) Que tipo de linguagem foi empregado pelo aluno?

b) Por que a professora ficou sem entender o que o aluno estava falando?

c) Você conseguiu entender o que o aluno quis dizer? Se sim, escreva sua interpretação da fala do garoto.

4. Leia o texto a seguir e faça o que se pede.

Nova mensagem

De: laila@felicidade.com.br

Para: peter@estudante.com.br

Assunto: Devolução dos livros de literatura

Oi, Laila

Já fiz a leitura dos livros que vc me emprestou. Se quiser vir buscar aqui em casa, tô esperando.

Bjs!

Peter

ENVIAR

a) Que tipo de linguagem foi utilizada nesse *e-mail*? Justifique.

---

b) Qual pronome de tratamento foi usado no *e-mail*? Em quais situações ele é utilizado?

---

c) Qual é o assunto do *e-mail*?

---

5. Leia o texto a seguir e responda às questões.

ILOLAB/SHUTTERSTOCK

Nela, até agora, não pudemos saber que haja ouro, nem prata, nem coisa alguma em metal ou ferro; nem lho vimos. Porém a terra em si é de muito bons ares, assim frios e temperados assim como os de Entre Douro e Minho, porque neste tempo de agora os achávamos como os de lá.

Águas são muitas; infindas. E em tal maneira é graciosa que, querendo-a aproveitar, dar-se-á nela tudo, por bem das águas que tem.

Trecho da Carta de Pero Vaz de Caminha. Ministério da Cultura. Fundação Biblioteca Nacional. Departamento Nacional do Livro. Disponível em: http://objdigital.bn.br/Acervo_Digital/Livros_eletronicos/carta.pdf. Acesso em: 4 fev. 2022.

a) Que tipo de linguagem foi utilizada nesta carta? Justifique.

---

b) Quando o autor escreve **a terra em si é de muitos bons ares**, o que ele está querendo dizer sobre o lugar?

☐ Que a terra é boa.

☐ Que venta muito no lugar.

☐ Que a terra é perfumada.

6. Leia a tirinha a seguir e faça o que se pede.

DJOTA. Só dando gizada. *Correio Popular*, Campinas, 12 ago. 2003.

DJOTA. Só dando gizada. *Correio Popular*, Campinas, 12 ago. 2003.

a) O dicionário produzido por Chica representa o modo de falar de qual estado do Brasil?

____

b) Que tipo de variação linguística podemos perceber no último quadrinho?

____

c) Reescreva a última frase da tirinha, passando-a para uma linguagem que possa ser compreendida em qualquer lugar do país.

____

____

7. Leia a conversa a seguir e responda às questões.

– Caraca, num tô acreditando que a Fran te bloqueou! Como vc percebeu?
– Ela parou de curtir os *posts* do meu canal, daí visitei a bio dela e vi que ela não me segue mais.
– Poxa, que mina sem noção! Os *posts* do teu canal são massa!
– Pois é. Fiquei na *bad*, mas já estou legal!

a) A linguagem presente no texto é típica de qual grupo?

- [ ] Professores.
- [ ] Jovens.
- [ ] Idosos.
- [ ] Cientistas.

b) O diálogo trata de um universo bem característico da rotina dos jovens. Que universo é esse?

- [ ] Internet.
- [ ] Trabalho.
- [ ] Escola.
- [ ] Academia.

c) O que significa **ficar na *bad***?

____

d) Como ficaria essa conversa em linguagem formal? Reescreva-a.

____

____

____

____

____

____

VAMOS ESCREVER!

1. Escreva um *e-mail* para o(a) professor(a) pedindo dicas de livros para serem lidos nas férias escolares. Não se esqueça de:

- colocar seu endereço de *e-mail*;
- colocar um *e-mail* fictício para o(a) seu(sua) professor(a);
- escrever o assunto em uma frase curta;
- escrever a saudação, a mensagem, a despedida e seu nome.

Nova mensagem

De: ____

Para: ____

Assunto: ____

____

____

____

____

____

____

____

____

____

ENVIAR

2. Crie um diálogo entre dois amigos, no qual a variedade linguística típica da região onde você vive esteja presente, seja por meio de gírias, de expressões comuns de sua cidade, de seu bairro ou de sua rua.

DIÁRIO DE BORDO

Nestas atividades, você aprendeu:

- os gêneros carta e *e-mail* e seus recursos discursivos e estilísticos;
- a linguagem formal e a linguagem informal;
- as variações linguísticas.

SEQUÊNCIA 14

VAMOS CONVERSAR!

Leia um trecho do Estatuto da Criança e do Adolescente (ECA) em tirinha.

O nascimento

A Constituição Federal de 1988 garantiu vários direitos aos cidadãos, inclusive às crianças. Mas foi o Estatuto da Criança e do Adolescente (ECA), publicado dois anos depois, que reforçou, organizou e detalhou os direitos que têm a ver com a criança e o adolescente. Ficou decidido que, desde o início da vida, quando ainda estão na barriga das mamães, os brasileirinhos merecem um carinho especial e devem ser cuidados e protegidos pela família, pela sociedade e pelo Estado.

[...]

Logo na abertura do Estatuto da Criança e do Adolescente, há um resumão da lei. A conversa começa com a definição de quem é criança e quem é adolescente: criança é a pessoa que tem até 12 anos de idade incompletos e o adolescente está na faixa entre 12 e 18 anos; o adulto tem mais de 18.

Depois o texto diz que as crianças e os adolescentes estão sempre em primeiro lugar. É isso aí! A família, a sociedade e o Estado têm o dever de garantir o seu bem-estar. Anote aí: você tem direito à vida, saúde, alimentação, educação, esporte, lazer, profissionalização, cultura, dignidade, respeito, liberdade e convivência familiar e comunitária. A lista é grande!

As crianças e os adolescentes têm direito de ser rapidamente atendidos em postos de saúde e hospitais. Num acidente de trânsito, incêndio, enchente ou qualquer outra situação, a meninada é a primeira a receber socorro.

E mais, a criançada tem prioridade na hora da distribuição do dinheiro público. Isso quer dizer que o governo tem de usar os recursos públicos dando atenção, em primeiro lugar, para os projetos que têm a ver com a infância e a juventude.

[...]

CÂMARA DOS DEPUTADOS. Plenarinho. *ECA em tirinhas para crianças*. Brasília (DF), 2015. p. 8, 10 e 11. Disponível em: https://plenarinho.leg.br/index.php/2018/07/estatuto-da-crianca-e-do-adolescente/. Acesso em: 4 fev. 2022.

1. O que significa a sigla ECA?

____

____

2. Qual é o objetivo do documento que você acabou de ler?

____

____

3. O documento apresenta textos e imagens. Qual é a função da ilustração nessa versão do ECA?

____

____

4. Segundo o ECA, até que idade a pessoa é considerada criança?

____

____

5. Retire do texto uma frase que diga respeito ao direito à saúde.

____

____

____

____

____

6. Segundo o ECA, quem é prioridade para o bem-estar social?

- [ ] Médicos e professores.
- [ ] Bombeiros e os médicos.
- [ ] Crianças e adolescentes.
- [ ] Crianças em situação de rua.

7. Quais são os direitos assegurados pelo ECA às crianças e aos adolescentes?

____

____

____

____

8. A linguagem utilizada no texto é formal ou informal? Justifique com exemplos.

____

____

____

9. Além do ECA, qual é a outra lei que protege os cidadãos, incluindo crianças e adolescentes?

____

VAMOS ENTENDER!

Vamos relembrar noções de interpretação e compreensão textual, além dos conceitos de polissemia, sinonímia e antonímia, enfatizando sua importância na escrita e na comunicação.

Interpretar um texto exige que compreendamos a riqueza de significado dos vocábulos. Só assim podemos perceber os muitos sentidos de um texto e a articulação entre eles.

- **Polissemia** é o fenômeno que representa as multiplicidades de sentido que uma mesma palavra pode possuir, dependendo do contexto de uso. Exemplos: Você é a mais linda **flor** do meu jardim. / Esta **flor** está murcha.

- **Sinonímia** é quando palavras diferentes apresentam significados semelhantes. Exemplos: casa = lar; alegria = felicidade.
- **Antonímia** é quando as palavras apresentam significados opostos. Exemplos: dormir/acordar; alegria/tristeza.

1. Leia o texto a seguir e use as estratégias de compreensão e interpretação textual para responder às questões.

IRIS828/SHUTTERSTOCK

Declaração Universal dos Direitos da Criança

[...]

Princípio 1º

A criança gozará todos os direitos enunciados nesta Declaração. Todas as crianças, absolutamente sem qualquer exceção, serão credoras destes direitos, sem distinção ou discriminação por motivo de raça, cor, sexo, língua, religião, opinião política ou de outra natureza, origem nacional ou social, riqueza, nascimento ou qualquer outra condição, quer sua ou de sua família.

Princípio 2º

A criança gozará proteção social e ser-lhe-ão proporcionadas oportunidades e facilidades, por lei e por outros meios, a fim de lhe facultar o desenvolvimento físico, mental, moral, espiritual e social, de forma sadia e normal e em condições de liberdade e dignidade.

Na instituição das leis visando este objetivo levar-se-ão em conta, sobretudo, os melhores interesses da criança.

Princípio 3º

Desde o nascimento, toda criança terá direito a um nome e a uma nacionalidade.

Princípio 4º

A criança gozará os benefícios da previdência social. Terá direito a crescer e criar-se com saúde; para isto, tanto à criança como à mãe, serão proporcionados cuidados e proteção especiais, inclusive adequados cuidados pré e pós-natais. A criança terá direito à alimentação, recreação e assistência médica adequadas.

[...]

DECLARAÇÃO Universal dos Direitos da Criança. Ministério Público do Paraná. Disponível em: https://crianca.mppr.mp.br/pagina-1069.html. Acesso em: 4 fev. 2022.

a) Esse documento tem alguma semelhança com o ECA? Justifique sua resposta.

____

____

____

b) Que tipo de linguagem foi empregada no texto?

- [ ] Linguagem informal.
- [ ] Linguagem formal.
- [ ] Linguagem literária.
- [ ] Linguagem jornalística.

c) Quais são os direitos garantidos às crianças no Princípio 3º da Declaração?

____

d) Quais são os direitos garantidos às crianças no Princípio 4º da Declaração?

____

____

____

2. Leia um trecho do poema "Meus oito anos", de Casimiro de Abreu, e faça o que se pede.

Meus oito anos

Oh! que saudades que tenho
Da aurora da minha vida,
Da minha infância querida
Que os anos não trazem mais!
Que amor, que sonhos, que flores.
Naquelas tardes fagueiras
À sombra das bananeiras,
Debaixo dos laranjais!
Como são belos os dias
Do despontar da existência!
– Respira a alma inocência
Como perfumes a flor;
O mar é – lago sereno,
O céu – um manto azulado,
O mundo – um sonho dourado,
A vida – um hino d'amor!

ABREU, Casimiro. "Meus oito anos".
Disponível em: https://www.dominiopublico.gov.br. Acesso em: 4 fev. 2022.

a) Qual sentimento o eu lírico demonstra no poema?

- [ ] Raiva.
- [ ] Alegria.
- [ ] Saudade.
- [ ] Tristeza.

b) O que o eu lírico quer dizer ao escrever **aurora da minha vida**?

- [ ] Infância da minha vida.
- [ ] Adolescência da minha vida.
- [ ] Juventude da minha vida.
- [ ] Velhice da minha vida.

c) De acordo com a fala do eu lírico, é possível inferir que ele passou a infância no campo ou na cidade? Justifique com versos do poema.

____

____

____

d) Retire do poema uma expressão sinônima para **infância**.

____

____

e) Qual imagem está relacionada ao **céu** no poema?

____

f) Qual imagem está relacionada ao **mar** no poema?

____

g) Para a **vida** e para o **mundo**, o poeta relacionou quais expressões sinônimas?

____

h) As comparações elaboradas no poema para a infância trazem a sensação de que ela foi:

- [ ] dolorosa.
- [ ] triste.
- [ ] feliz.
- [ ] cansativa.

i) O uso do ponto de exclamação (!) em alguns versos do poema indica que o estado de espírito do sujeito poético é:

- [ ] calmo.
- [ ] distante.
- [ ] exaltado.
- [ ] tristonho.

j) A palavra **aurora**, relacionada à **infância** no poema, também pode significar:

- [ ] crepúsculo.
- [ ] amanhecer.
- [ ] anoitecer.

k) O verso **Que os anos não trazem mais!** indica que:

- [ ] sempre é possível ser criança de novo.
- [ ] estar maduro é a melhor fase da vida.
- [ ] a infância é um tempo que não volta mais.

l) Qual verso do poema traz uma sequência de palavras que remete ao estado feliz da infância?

- [ ] "Que amor, que sonhos, que flores."
- [ ] "Naquelas tardes fagueiras"
- [ ] "Como são belos os dias"
- [ ] "Oh! que saudades que tenho"

m) As palavras a seguir foram usadas de forma figurada no poema para serem sinônimos de **infância**. Construa uma frase com cada uma delas, com outro sentido.

Lago

____

Manto

____

Sonho

____

Hino

____

Apesar de serem complementares, a interpretação e a compreensão textual possuem significados diferentes. Veja as definições:

- **Compreensão textual** é o entendimento do que está explícito no texto, ou seja, a compreensão literal, uma tarefa objetiva.
- **Interpretação textual** é uma atividade que vai além do entendimento dos elementos explícitos, pois exige do leitor a capacidade de tirar conclusões e fazer inferências, ou seja, é uma tarefa subjetiva.

3. Escreva um sinônimo e um antônimo para cada palavra a seguir.

Palavra	Sinônimo	Antônimo
rápido	____________	____________
baixo	____________	____________
rir	____________	____________
início	____________	____________
certo	____________	____________
longe	____________	____________

4. Complete as frases com um antônimo das palavras entre parênteses.

a) Fui ao quarto e vi que o bebê acabara de ____________. (dormir)

b) Quando chegamos ao cinema, a sala estava ____________. (cheio)

c) Você sabe se a biblioteca está ______________ hoje? (fechado)

d) Nade deste lado, pois é a parte mais ______________ da piscina. (fundo)

5. Leia as frases a seguir e faça o que se pede.

> **I.** Quando a ave voou, uma **pena** sua caiu.
> **II.** Depois do ocorrido, todos sentiram **pena** de mim.
> **III.** O condenado foi julgado, e a **pena** foi dada.

a) As palavras destacadas nas frases são:

- [ ] verbos.
- [ ] substantivos.
- [ ] pronomes.
- [ ] numerais.

b) Nas frases, uma mesma palavra assumiu significados diferentes. Na frase **II**, o que a palavra **pena** indica?

- [ ] Mágoa.
- [ ] Cobertura das aves.
- [ ] Compaixão.
- [ ] Condenação.

6. Relacione as palavras destacadas nas frases ao seu significado.

I. encharcar
II. comida
III. objeto
IV. recolher
V. parte de uma roupa
VI. fruta

- [ ] Esta vitamina de **manga** está uma delícia!
- [ ] A professora precisou **colher** todas as nossas assinaturas.
- [ ] Minha mãe colocou **molho** de tomate na macarronada.
- [ ] A **manga** da sua camisa está rasgada.
- [ ] Tome uma **colher** de chá do medicamento todos os dias.
- [ ] Sempre que lavo as louças, **molho** toda a cozinha.

VAMOS ESCREVER!

- Releia o poema "Meus oito anos", de Casimiro de Abreu, e imagine que você tem 30 anos.
  Crie e escreva um pequeno poema descrevendo como foi sua infância e quais são as melhores recordações que você tem dessa época de sua vida. O poema pode ser constituído de uma ou mais estrofes e não há necessidade de ter rimas.

____

____

____

____

____

____

____

____

____

____

DIÁRIO DE BORDO

Nestas atividades, você aprendeu:

- o gênero texto normativo e seus recursos discursivos e estilísticos;
- a compreensão e a interpretação textual;
- a polissemia, a sinonímia e a antonímia.